THE PORTUGUESE MANUSCRIPTS COLLECTION

THE PORTUGUESE MANUSCRIPTS COLLECTION

of the Library of Congress

A Guide

Compiled by
Christopher C. Lund
and
Mary Ellis Kahler

Edited by
Mary Ellis Kahler

LIBRARY OF CONGRESS   WASHINGTON   1980

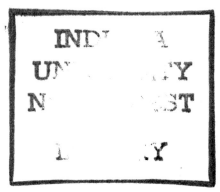

Library of Congress Cataloging in Publication Data

United States. Library of Congress.
  The Portuguese manuscripts collection of the Library
of Congress.

  Bibliography: p.
  Includes index.
  Supt. of Docs. no.: LC 1.6/4:P83
  1. Manuscripts, Portuguese—Washington, D. C.—
Catalogs.   2. United States. Library of Congress.
Manuscript Division—Catalogs.   I. Lund, Christopher C.
II. Kahler, Mary Ellis.   III. Title.
Z6621.U582P68   091   80-607039
ISBN 0-8444-0329-6

For sale by the Superintendent of Documents, U.S. Government Printing Office
Washington, D.C. 20402

Contents

Preface

The Library of Congress acquired a major portion of its older Portuguese accessions in two purchases made in 1927 and 1929. The correspondence with the seller, Maggs Brothers of London, indicates that the second of the two orders represented the main collection from which the items in the earlier purchase had been drawn. In all, more than three thousand items—including monographs, journals, and pamphlets—came to the Library in this manner. A substantial number of manuscripts, some bound together in fine leather bindings, were also among the materials in the two shipments.

The greater part of the body of the present Portuguese manuscripts collection came from the initial purchase which included, among other items, "117 composite volumes of manuscripts." The collection was later to be described as "215 volumes, 80 boxes, 7 folders, and 2 packages" in Philip M. Hamer's *Guide to Archives and Manuscripts in the United States* (New Haven: Yale University Press, 1961). It is the materials in this aggregate of manuscripts that are described in this guide.

Many of the literary manuscripts in the collection are inscribed to Antonio Augusto de Carvalho Monteiro. The coat of arms of the conde de Olivais e Penha Longa, identified by Henrique Nunes Gomes de Avelar in an undated letter to Christopher C. Lund, appears on the cover of the leather bindings of many of the bound volumes. The circumstances in which the collections of these two men came to be combined has not been determined. Other former owners of items in the Portuguese manuscripts collection include Sir Charles Stuart de Rothesay, Julio Firmino Judice Biker, and one "T. Norton." Two items from the Peter Force collection are described in the guide because of their content, but are shelved with the other items in that collection.

Significant numbers of items are concerned with three subjects: Sebastianism; Luís de Camões, author of Portugal's epic poem *Os Lusíadas;* and the military orders of knighthood. Sebastianism is defined as the belief that King Sebastian, killed in North Africa, had instead escaped and would return and restore Portugal to its past greatness. The death of Sebastian had led to Spanish domination of

Portugal for sixty years, from 1580 to 1640, and such a coming symbolized a hope for better times. The Olivais e Penha Longa coat of arms appears on the cover of many of the volumes of collected narratives and prophecies concerning the coming of King Sebastian. Some of the accounts are about imposters, who pretended to be the fallen king, and others combine supernatural, biblical, historical, and literary elements in a heroic vision of a glorious future. The manuscripts include variant versions of the best known prophecies and histories; among them are the works of Gonçalo Annes Bandarra and Father Antonio Vieira. The majority are covered in the studies of Lúcio de Azevedo, an authority on Sebastianism, but others may be unique or relatively unknown.

The Camoniana appear to have been collected principally by Antonio Augusto de Carvalho Monteiro or Monteiro "Milhões," as he was known because of the fortune that he had earned. Not only did he collect material by and about Luís de Camões, but he also sponsored the preparation and publication of special editions and other works at the time of the third centenary of the poet's death. Several volumes of poetry by other writers, largely from early periods, also appear in the collection. There is remarkably little trace of creative writing by contemporaries of the collectors who gathered these manuscripts, although the literary works of such early nineteenth-century figures as José Agostinho de Macedo are much in evidence.

Works about the military orders of knighthood, including such Portuguese orders as the Order of Avis (São Bento de Avis) and the Order of Christ form a substantial body of material in the collection. Much of it pertains to the rules, regulations, or constitutions of the orders, and other portions relate to the internal management, income, and comendas or benefices. Material on the Mesa de Conciência e Ordens, which regulated the military orders until they were abolished in 1834, may also be found in the collection.

Several general works of history—in Italian, French, and Latin, as well as in Portuguese—are in the collection. Histories of Portuguese sovereigns; letters of diplomatic figures of the seventeenth century; and the letter book of Manoel da Cunha Menezes, captain general of Pernambuco and Bahia, containing 201 letters dated from 1774 to 1779, are also included. The Peninsular Wars and the Miguelist civil strife of Portugal are reflected in the collection. Material on royal funeral ceremonies, the Inquisition, and genealogy indicate a strong preoccupation with the past, vividly evoked in the manuscripts.

The manuscripts span a period of many years. The earliest item is an instrument of quitrent for a vineyard at Elvas, dated September 30, 1438; the most recent are of the early decades of this century. Many are originals, others are frankly copies, and others are less easily identified. The collection itself represents the interests, abiding and passing, of men of wealth of later nineteenth-century Portugal. There is much to be found that is of literary or historical value, values which this guide is intended to reveal.

The spelling and form of many names in the guide will appear strange to eyes accustomed to modern spelling of Portuguese names and words. The name headings under which the individual items appear follow forms used in catalogs of the Library of Congress, but will not necessarily conform to current usage. The spelling, often archaic or in abbreviated guise, of the original has been followed in the transcription of titles and in notes reproducing other writing on the manuscripts. Users of the guide are urged to keep these variations in mind as they seek information related to specific names of persons or places.

MARY ELLIS KAHLER
Chief, Hispanic Division

Introduction

The descriptions of the items in the Portuguese Manuscripts Collections are arranged alphabetically according to the headings assigned to each entry. Titles are transcribed as they appear on the manuscripts themselves, in terms of spelling, capitalization, punctuation, and, in some instances, spacing. An indication of the number of pages or leaves is given, followed by a number beginning with the letter P (e.g., P–1, P–2, etc.). This number represents the shelf location of each item and must be used in requesting manuscripts for use in the Manuscript Reading Room or in designating items to be photocopied. The consecutive numbers at the beginning of each entry are used to identify the manuscripts in the index of this guide. The Library of Congress call number indicates that the work is in the Library's collections.

Because of the changing rules for Portuguese orthography, accepted modern Portuguese forms followed in the bibliographical notes may differ from the forms that appear on the manuscripts themselves or in the headings. Similar divergences may occur between forms used in the index and the entries to which they refer. The glossary, which appears after the annotated items, defines the selected Portuguese terms that are used in this guide.

Where the coat of arms of the conde de Olivais e Penha Longa is evident on volumes of the collection, his initials (O.P.L.) will appear in brackets. Also, since Innocencio Francisco da Silva's work—*Dicionário bibliográfico português,* 22 vols. (Lisboa: Na Imprensa Nacional, 1859–1923) (Z2720.S58)—is cited so frequently in this guide, an abbreviated form of reference will be employed, in accordance with current Portuguese usage (i.e., Inocêncio, VI:304).

Descriptive Guide to the Manuscripts

1

Academia . . . Senarias da Academia Lusitania Novtes Academicas de Univerçais engenhos. Noute 1ª 824 p., [34] leaves.   P—168
   On spine: Miscelania Curiosa Seculo XVIII.
   Leather binding.
   Contents: Academic discourses on poetry and poetic themes, and on poetry in several genres, ca. 1650—1723, including material by Tomás Pinto Brandão, António de Sousa de Macedo, Manoel de Azevedo [Morato], and other lesser known contemporaries.

2

Account book. Rezumo dos Creditoz escrittos Pᵃ q̄ emtraō em meu poder hei de Cobrar q̄ tudo se tira seguindo. 166 leaves; with miscellaneous loose notes inserted.   P—281
   Parchment binding.
   Entries, which date from the years 1684—1711, are not in chronological order.

3

Aesopus. Fabulas de Esopo, Filoso[fo] moral e de outros autores famosos corregidas de novo & & &. . . . 413 p.   P—135
   On spine: Fabulas.
   Vellum spine.
   Fables are numbered to 269.
   Index, p. 407—413.
   The note at the end of the text reads: "Acabado aos 14 de Junho de anno de 1842. Pᵉ João Baptista de Fig^{do}"

4

Affonso VI, *king of Portugal,* 1643—1683. Letter, 1662 Dec. 7, to the geral da Ordem de São Bernardo, Lisboa. 2 leaves. Bears royal seal.
    P—542
   Instructs the recipient to attend a conference in March at the court, where laymen and ordained churchmen, university professors, and others are to discuss problems of the kingdom, specifically the lack of bishoprics in Portugal.

5

Agriculture. 15 documents relating to Portuguese agriculture, 1788—1825. Unbound signatures.   P—316—18
   Includes: 1. Petition for the rehabilitation of hedgerows, 1788. 2. Report of state of commerce and agriculture, 1788. 3. Report on agriculture, 1788. 4. Petition to introduce new agricultural methods to Portugal, 1791. 5. Report on agricultural conditions of Tomar, stressing the superabundant olive. 6. Report on agriculture, 1795.

7. Agricultural report on the fallow fields of the Villa de Mourão, 1802. 8. Petition for exemption of tithes for period of ten years while agriculture is initiated on Ilhas Selvagens, 1806. 9. Protest against the distillation of figs in the Algarve during a fig shortage, 1811. 10. Grafting of *azambujeiro* (wild olive tree) promoted by the bishop of the Algarve, 1811. 11. Wartime agricultural report, 1814. 12. Report on progress of agriculture since 1812 in the *comarcas* of Coruche and Benavente, 1818. 13. Petition of Manoel Joaquim da Silva for reimbursement against expenses made during his charge of transferring plants to Rio de Janeiro, 1823. 14. Report on the wheat crop in the Azores, 1825. 15. Report on propitious conditions in the Algarve for introducing the culture of the cochineal insect (used to make scarlet dyes), 1825. Reference is made to Castilian cultivation of cochineal in 1540.

Names of petitioners and reporters are given, and some letters are included.

6

Alegação de direito sobre a iurisdição das ordens militares de Santiago e São Bento d'Avys destes Reinos de Portugal. 149 leaves.
P—122

Vellum binding.

On spine: Allegação de Directo.

"Do Duque do Cadaval" noted at foot of title page.

The note at the end of the text reads: "Em Lixᵃ a 4 dOutrᵒ de 1600 annos. . . . Foy tresladado bem e fielmente por Aires Sanches Escrivão da Contadoria da Mesa da Consciencia e Ordens. D F. Aires Sanchez."

7

Almeida, Lopo de, *conde de Abrantes, d.* 1508. Copia das cartas que Lopo de Almeyda enviou de Roma a D. El Rey D. Aff. 5º quando foi em companhia da Imperatris D. Leonor, irmam do dº Rey, o qual D. Lopo foi dipois Conde de Abrantes. 220 leaves.
P—27

On spine: Cartas historicas de Portugal baxo los Phelipes. MSS.

Leather binding with gilt coat of arms [of Lord Stuart de Rothesay].

Index at end of text.

Letters concern affairs in the Congo, Angola, Cabo Verde, and Guiné and mention the life of King Sebastian. Only the first four letters are by Lopo de Almeida, and they are apparently transcripts from Antonio Caetano de Sousa's *Provas da historia genealogica da casa real Portugueza,* v. 1 (1739), p. 633—45. Some letters are in Spanish and Latin.

The note on the last page, signed by Julio Firmino Judice Biker,

4

states that he purchased this volume at the sale of the library of the count of Lavradio in June 1876 and that it had once belonged to Lord Stuart de Rothesay.

8
Almeida Garrett, Alexandre José da Silva, 1797–1867. Cartas sobre o schisma de Portugal entre os dous irmãos Alexandre José da Silva de Almeida Garrett e João Baptista Leitaõ de Alm^{da} Garrett, Membro da Commissão Ecclestica [sic]. Notebook. 77 p.   P–29

Six letters, written from Porto and Lisbon and dated from July 16, 1838, to February 22, 1839, concern contemporary political and ecclesiastical matters. The letters may have been written for publication.

9
Almeida Garrett, João Baptista de Silva Leitão de Almeida Garrett, *1. visconde de,* 1799–1854. Copy of letter written to Sr. Chevalier de St. Robert, French Chargé d'Affaires, in Lisbon, 1852 Aug. 19. 10 leaves.   P–217

Bound in notebook.

Concerns the negotiation of a treaty of commerce and navigation between Portugal and France and the role played by Garrett in these negotiations as minister of foreign affairs.

The letter was apparently written when Almeida Garrett was no longer in the post; the negotiations "motivaram a minha sahida do ministro."

With the letter is a notice, in French, of the Centenaire du "Grande poète portugais J. B. d'Almeida Garrett," sent to Carvalho Monteiro, soliciting his subscription to a Garrett novel in French translation, *La Jeune Fille aux rossignols.*

10
Almeida Garrett, João Baptista da Silva Leitão de Almeida Garrett, *1. visconde de,* 1799–1854. Nomination of Francisco Xavier Migone for the post of "Vogal Secretario do Conselho de Direcção de Eschola de Musica do Conservatorio." 2 leaves.   P–574

Dated November 23, 1839.

Signed by Almeida Garrett and Rodrigo J. de Lima Felner, Secretário do Conselho de Direcção de Eschola de Música. Luiz Mascarenhas de Mattos e Lemos signed it as *escrivão.*

Registered by the Secretaria da Inspecção Geral dos Theatros e Espectaculos Nacionaes e do Conservatoria da Arte Dramatica on November 25, 1839.

11
Álvares da Cunha, António, 1626–1690. Primeiras e segundas liçoens feitas na Academia [dos Generosos] de D. António Alveres
[sic] da Cunha. [140] leaves, many blank.   P–244
Vellum binding.
Includes: 1. Varias cartas e poesias latinas (correspondence and
poetry of Manuel Pimentel, 1650–1719, royal cosmographer,
Latinist; the dates 1696 and 1707 appear on some of the letters).
2. Relação do Estado do Brazil (last four leaves).

12
Álvares Pereira Pato Moniz, Nuno, 1781–1826. Drama em 3 actos
intitulado O Anti-Sebastianista Desmascarado (por Pato Moniz— é
autographo). 27 leaves.   P–243
On spine: O Anti-Sebastianista Desmascarado. Theatro. MS.
Leather binding with gilt coat of arms [O.P.L.].
The text shows many corrections.
Pato Moniz wrote this drama as a satiric attack on José Agostinho
de Macedo.
"A composição do *Anti-Sebastianista* precedeu a da comedia *O
Sebastianista desenganado à sua custa,* representada em 1810 ou 1811
nos theatros publicos" (Inocêncio, VI: 304).

13
Alves Canario, José, *19th cent.* Official reports. 3 leaves.   P–582
Reports of search made of homes of the residents of Lisbon, the
discovery of arms in one home, and other police efforts to uncover
subversive activities, dated January 28, 1831.
Included are two reports by soldiers who took part in the
searches. All reports are certified by José Alves Canario, Secretário
da Intendência Geral da Polícia.
British financial and military support of an anti-Miguelist expedition is mentioned.

14
Ammaestramenti di Seneca in atto prattico, mentre sú condanato à
morte da Nerone suo discepolo. 694 p.   P–153
Parchment binding, torn.
Text in Italian.
Miscellaneous collection, including material on Portuguese relations with the papacy, diplomatic and church affairs of the Vatican,
and items from biblical and classical literature. Many of the discourses and events are of the seventeenth century.

15

Amorim [Amory], Thomas, 1682–1728, *English consul in the Azores*.
Sworn statements. [17] leaves. Peter Force Coll. Series 9 (see date)
On spine: Amorim—Sworn statements, 1719 April 14–21.
Leather spine and corners.
Later transcription with the text.
Contains sworn statements prepared by Manoel Fernandez de
Figueyredo, scribe for the receiver of customs, for Thomas Amorim,
resident of Angra do Heroismo, concerning a cargo of wines
shipped for him by Thomas Tooke in 1715.

16

Analysis Prudencial e Judicioza em q. se mostra a justificadissima
probabilidade com que procedem os que doutamente afirmaõ a
vinda do Serenissimo e Augustissimo Senhor Rey D. Sebastião. 35
leaves.   P–99
On spine: Analysis da vinda de D. Sebastião. MS.
Leather binding with gilt coat of arms [O.P.L.].

17

Anniversarios; Partilha dos fructos em 1825. Coruche, 1825 Nov.
12. [2] leaves.   P–497
Table showing distribution of wheat, corn, and rye, prepared by
Padre José Maria Roldão.

18

Anselmo. [Approx. 300 leaves]   P–377
Copy for printer.
A note to the reader is included: "Anselmo é o titulo que mais nos
pareceo adequar-se a um manuscripto encontrado, sem designação
alguma, entre os papeis de espolio de um bem conhecido, festejado,
e fecundo escriptor brazileiro."
The story is set in Rio de Janeiro. The text of the story is in a
different hand from that of the note to the reader.

19

Antas, Miguel Martins d', 1823–1910. Register of the Portuguese
Embassy [Washington]. 893 p., [29] leaves, and inserts.   P–198
On spine: Estados-Unidos 1867–1868–1869.
Leather spine.
Contents: 1. Short summary of Portuguese diplomacy in the
United States beginning with José Rademaker, named consul gen-
eral in charge of Luso-American negotiations in 1805, and ending
with the appointment of Miguel Martins d' Antas in 1867 as Enviado
Extraordinário e Ministro Plenipotenciário. 2. A diary of d'Antas's

letters and business with government officials. Several printed newspaper articles and speeches tipped in. Official entries are from May 31, 1867, to September 6, 1869. With regard to lacunae in the history of Portuguese diplomacy in the United States, d'Antas makes the following observation: "Não existe no Archivo da Legação correspondência alguma do tempo de José Correa da Serra. Essa lacuna foi notada por Francisco Solano Constancio, em Officio de 6 de Outubro de 1822. Também não existe correspondência do tempo de José Amado Grahou,—nem do tempo de Antonio Candido de Faria. Devia ser interessante a correspondência de José Correa da Serra, que tratou a questão das reclamações por prejuisos causados ao commercio portuguez por corsários-piratas, armados nos portos dos Estados Unidos. Muitas das disposições das leis de neutralidade, que ainda hoje vigoram nos Estados Unidos, foram devidas as instancias d'aquelle Ministro de Portugal."

"Indices" to the *oficios* describe subject matter of entries, which include comments about Emperor Maximilian in Mexico, the impeachment proceedings against President Johnson, the election of President Grant, and the Cuban question.

D'Antas came to Washington, D.C., in 1867 as minister of Portugal and stayed until 1869, when he was transferred to Brussels.

20

Anticatastrofe de Portugal. Vida, e sucesos del Rey D. Afonso 6° de Portugal. Defendese com a verd^e das infamias q̄ tirana e iniquam^{te} publica o catastrofe q̄ contra de se fez em Lx^a, por um anonimo. Madrid, ano de 1702. Recopilado e traduzido da Lingoa Espanhola em q̄ foi Composto, na Portugueza. Ano de 1764. 354 p.   P−248

On spine: Anticatastro[fe] de Portugal.

Leather spine and corners.

Title page stamped: T. Norton, 1841, on inside cover.

The following appears on the flyleaf: "Anticatastrophe . . . D. Affonso 6° de Portugal e Algarves escripta por um official das tropas de Portugal, que o accompanhou na sua fortuna e na sua desgraça." Leaf 354 reads: "Esta parte foi copiada do manuscripto que existe na Bibliotheca Portuense . . . ."

The manuscript is a shorter variant version of Camillo Aureliano da Silva e Sousa's *Anticatastrofe,* published in Porto in 1845, which he claimed to be based upon a 1791 manuscript, also owned by Norton.

21

António das Chagas, *Father,* 1631−1682. Filis y Demophonte; Poema Heroyco escrebia El Cappitan Ant^o da Fon^{ca} Soares. 301 p., numbered 169−470.   P−252

Cover missing.

Ten cantos of the heroic poem comprise most of the volume; other verses, sonnets, octaves, etc., possibly not his, constitute the rest.

22
Apontamentos de Synopse. J.A.C.M., Coimbra, 1871. 3 p. in notebook.   P−531
Contains a discussion of the romantic and classical schools of Portuguese literature.

23
Apontamentos para se formar o curso de Sciencias Ecclesiasticas que deverá ler-se no Real Convento de Thomar, Cabeça da Ordem Militar de Nosso Senhor Jesu Christo; a os Freires Conventuaes da m^{ma} Ordem, q̃. haõ de ser empregados nos Beneficios e Cargos d'ella. 197 p.   P−245
Spine cover lost.
Preface dated December 12, 1795.
Constitutes an outline of a six-year course.

24
Araújo, Joaquim de. Detached title-pages of 7 works inscribed to Araújo by the respective authors. 7 leaves.   P−545
One is dated 1848, another 1879.
The authors include Luciano Cordeiro, F. A. Correa Barata, Emilio Hubner, F. Martins Sarmento, Augusto Soromenho, and Antonio José D'Avila.

25
Araújo e Almeida, José Moreira de. Certified documents. Lisbon, 1815 Oct. 24−Oct. 30. 18 leaves.   P−528
Documents concern the payment of debts to the Credores da Casa dos Monteiros Mores falecidos.

26
Army. Documents and letters, *ca.* 1780−1795. 5 items.   P−284
Included are inventories of troops, September 16, 1780; inventories of munitions, May 13, 1799; items moved from another fortress to the Torre de Belém, May 11, 1799; an order for garrisoning the Torre de Belém, May 8, 1799, signed "Martinho de Souza de Alburquerque. T. Gen. 'al"; and a chart of artillery, munitions, supplies, and forts in the Repartição de Cascais, October 31, 1769.

27

Army. Governo das Armas do Porto, 1828–1829. [140] leaves.
P–114

Leather spine and corners.

Presents charts, tabulations, etc., of the armed forces, troops sailing to and from Porto and Plymouth and Falmouth, England, and to Rio de Janeiro. Many of the troops were volunteers. Data on a military hospital in Plymouth, set up for Portuguese emigrants, are included.

Register of four sections of "Correspondencia particular" contains ninety letters of officers stationed at Plymouth with the Portuguese authorities, 1828–29. Many of the letters are from "Thomaz Guilherme Stubbs" to the marquês de Pombal. Eight charts tipped in at the end of the volume show the forces of the "Exercito Libertador do Norte," 1833–34.

28

Army. Letter or report concerning military appointments and military government. [4] leaves, incomplete and undated.   P–522

The conde de Atalaya and the marquês de Marialva are mentioned, along with others bearing titles of nobility or military rank.

29

Army. Motivos das Saltas; Signais pᵃ Paquete. 2 charts.   P–319

Occasions, sites, types of gun salutes, and ship flags are described. Hand drawn in colored ink.

30

Army. Noticia curiosa. [2] leaves.   P–320

Traces the career of José Raymundo Pinheiro, 1783–1805, who was killed by one of his men.

31

Army. Relação do que presentemente estão precizando as Fortalezas das Margẽs do Tejo abaixo Mencionados. [4] leaves.   P–583

Presents a survey of guns and artillery. One enclosure is dated February 1828.

32

Associação Promotora dos Interesses da Classe Operaria. 2 leaves, folded.   P–291

Consists of an account of the inauguration of the association and its first Instituto Princeza Amelia, held on May 5, 1886.

Contains the signatures of those present, including those of the king and queen, the duke and duchess of Bragança, and the duke of Porto.

33
Atalaya, João Manuel de Noronha, *conde de,* 1679–1761. Letter to the marquês de Marialva concerning the post of Mestre de Campo Geral, 1728 Nov. 3. 1 leaf. P–336
Original.

Aubenay, Dubuisson. *See* Baudot, François Nicolas, *seigneur du Buisson et d' Ambenay, called* Dubuisson-Aubenay, *ca.* 1590–1652.

34
Avstria, Vitor Lvsitano de, *pseud.* Comedia Famosa. Tem por titolo Vitoria Repetida . . . Representouse no Cano que corre pera o mũdo todo sangue, & fama, portugueza, & Castelhano. Figvras. Vedeas na obra. aqui não cabẽ. Em Junho. Anno do Sr: 663. 504 [misnumbered 502] p. P–196
Vellum binding.
The "Comedia" is a prose history of the Portuguese military campaigns of 1650–62 against Spain. That this volume was possibly prepared for publication is indicated by several inserts bearing asterisks.
The author's name is obviously a pseudonym; he has not been identified.

35
Azevedo Coutinho, Marco António. Letter to Ignácio da Costa Quintella, 1717 Jan., concerning negotiations for the return of British sailors who were being held after leaving a British warship. 2 leaves. P–538
Leaves numbered 298 and 299 in upper right corner.

36
Azevedo Morato, Manoel de, *17th cent.* Segunda Parte. Sentidas Queixas do Principe Dom Pedro pella morte de D. Ines de Castro. 416 p., numbered 85–413 (p. 365–376 missing). P–41
On spine: Octavas a D. Ines de Cast[ro].
Leather binding.
The name "J. M. Castello" was cut out and glued on inside front cover. Several names and the date 1777 were written in on back inside covers.
With it: 1. Certámen poético: dissertação complica . . . do pintacirgo celebre . . . morto nas unhas q̃ deixou crever hum gato mourisco. Por Fr. Hieronymo Vahia [Jerónimo Baía]. 2. As

11

exequias do mesmo pintacirgo . . . do mesmo Vahia. 3. Canto primeiro, dos Luziadas de Camões, mudado a borracheira. . . . 4. Jornada de Fr. Hieronymo Vahia de Lisboa, pª Coimbra. . . . 5. Glosa ao Soneto: sete annos, de pastor . . . pello Doutor Antonio Barbosa Bacellar. 6. Silva do doutor Simão Cardozo Pereira. . . . 7. Aplauzos da Universidade de Coimbra. . . . 8. Relação da viagem, que fes a nossa armada, a . . . Saboya. 9. Jornada que fizerão os estudantes de Coimbra . . . pello doutor Mᵉˡ Machado.

The "Sentidas queixas" was first published in 1716 in volume I of *Fenix Renascida, ou obras dos melhores engenhos portuguezes.* ed. Mathias Pereira da Sylva, 2d ed., 5 vols. (Lisboa: Herdeiros de Anthonio Pedrozo Galram-Miguel Rodriguez, 1746). The authorship is disputed.

37
Bandarra, Gonçalo Annes, *ca.* 1500 – *ca.* 1556. Collection of works. 17 leaves.   P–156
   On spine: G. A. Bandarra. MS.
   Leather binding with gilt coat of arms [O.P.L.].
   Contents: 1. Commentary and notes on Bandarra (in rough draft). 2. Juizo Astrologico das Doenças. 3. Vertudes de D. Sebastião. 4. Letter to Sigʳ Giacomo Albirtajji di Pietro, Porto, October 1796. In Italian. 5. Trovas de Gonçalianes Bandarra.

38
Bandarra, Gonçalo Annes, *ca.* 1500 – *ca.* 1556. Professias ou collecçaõ de MSS rarissimos, pertencentes as Professias de Gonçalo Ianes Bandarra Official de Capateiro, natural da Villa de Trancoso, ano de 1809. 153 leaves.   P–211
   On spine: Bandarra. Ms.
   Leather binding with gilt coat of arms [O.P.L.]. "Por A. L. C."
   A note under the frontispiece engraving states that the portrait is not that of Bandarra, 2/5/90, J. Mª Nep[omucena?].
   "Indez das principaes cousas, de que se compoem este vollume."
   Contains several engravings: 1. Dom Henrique de Castro (d. 1580) "por cujo mando sahio Bandarra no Acto Publico da Fé." 2. Dom João IIII, rey de Portugal "cuja aclamação, quer Vieira vaticinara Bandarra." 3. Antonii Vieyra.

39
Bandarra, Gonçalo Annes, *ca.* 1500 – *ca.* 1556. Quarta, Quinta e Sexta parte das Trovas de Gonçalo Annes Bandarra, natural da Villa de Troncozo, ainda não impressas. 54 p.   P–42
   On spine: G. A. Bandarra. Trovas. MS.
   Leather binding with gilt coat of arms [O.P.L.].

According to the preface, these are verses by Bandarra, together with the questions asked by one Pacheco, the answers to which appear in an earlier edition, entitled *Trovas do Bandarra, natural da villa de Trancoso, apuradas e impressas por ordem de um grande senhor de Portugal, offerecidas aos verdadeiros portuguezes, devotos do Encuberto.* Nova edição, a que se ajuntam mais algumas, nunca até ao presente impressas (Barcelona, 1809).

40

Bandarra, Gonçalo Annes, *ca.* 1500–*ca.* 1556. Trovas de Gonsalo Annes Bandarra. Apuradas e impressas por ordem de hum grande senhor do Reyno de Portugal. Offerecidas aos Verdadeyros Portuguezes devotos do Encubertto. Em Nantes, por Guilhelmo de Monnier impressor de ElRey, anno de MDCXLIV [1644]. 125 leaves.
P–163

On spine: G. A. Bandarra. Trovas. MS. 1644.
Leather binding with gilt coat of arms [O.P.L.].
On the title page may be read: "He de Bento Xavier de Magalhaens Correa de Oliveira."
Contains many variants from printed edition apparently at the arbitrary whim of the copyist.
Includes also: 1. Monarchia Luzitana Dedicatoria a Cristo Senhor Nosso a quem só Pertence esta Monarchia, Conforme a promessa, que Deos fez a ElRey D. Affonço Henrriques. 15 cantos. 2. Various prophecies ca. 15th–17th centuries. 3. Breve Rellação que me obriga a fazer a obediencia de meos Confessores em que declare aquillo, que com toda a verdade sey, da Muyto Veneravel Madre Leocadia da Conceypção Religioza do Muyto Reccoleto convento de Monchique da Cidade do Porto. 4. Prophecias de hum Ermitam. 5. Noticia Previa [relates the particulars of different versions of King Sebastian's death at the battle of Alcacer Quibir]. 6. Nascimento do Snr. Rey D. Sebastião . . . traduzido de Italiano, em Portuguez—o qual foy feyto por Joam Carco famozo mathematico em Roma no Anno de 1598.

41

Bandarra, Gonçalo Annes, *ca.* 1500–*ca.*1556. Trovas do Bandarra oferecidas a Dom João de Portugal, Bispo da Cid^e da Guarda. 33 leaves.
P–51
On spine: Bandarra Trovas MS.
Leather binding with gilt coat of arms [O.P.L.].
Includes some marginalia and 107 stanzas of unequal number of lines.

42

Barbacena, Francisco Furtado de Castro Rio e Mendonça e Faro, 2.
conde de, 1780–1854. Letters to D. Miguel I. 4 leaves in 2 folders.

P–581

1. A letter from Caldas dated September 4, 1830, advises D.
Miguel not to attend the *relação* or court, as he must not take any
unwise action. 2. A letter from Lisbon, dated January 23, 1831,
concerns the need to control the police and troops and set up special
patrols to prevent an attempt against the life of D. Miguel.

43

Barreto Feio, José Vitoriano, 1782–1850. Letters. 10 leaves.

P–472

1. Letter to José Ribeiro dos Santos (na Hospedera de M^{ma} Julia
ao Cais do Sodré, Lisbon, February 27, 1838), concerning the state
of the nation and mentioning a plan for the agricultural develop-
ment of Cabo Verde. Barreto Feio sends greetings to his friend "por
ter o gosto de o abraçar antes de ir para esse purgatorio das Cortes."
2. "Carta ao Sr. D. Pedro 4º," Lisbon, May 9, 1827, in which he
condemns the Miguelist disorders and leaders.

44

Barros, João de, 1496–1570. Ao mui alto e muito poderoso Rey de
Portugal D. Ioão, 3º deste nome. Panegirico de Ioão de Barros . . .
Anno Domini 1533. [183] leaves.   P–97

On spine: Panegir de Joao de Barro.
Leather binding with gilt coat of arms [of Lord Stuart de
Rothesay].
Frontispiece of coat of arms in ink.
Printed in the second edition of *Noticias de Portugal,* Lisboa, 1740
(Inocêncio, III:323).

45

A batoteida; poema heroi-comico. 75 unbound leaves.   P–438
Anonymous draft with textual corrections and revisions.

46

Baudot, François Nicolas, *seigneur du Buisson e d'Ambenay* called
Dubuisson-Aubenay, *ca.* 1590–1652. Geographie universelle e par-
ticuliere comprise en deux tomes et composée des memoires de
Monsr DuBuisson Aubenay. Rolu[?] au commancement de l'année
1689. [212] leaves.   P–112

On spine: M. J. Dubisson O 3º Geograf. 1ere partie geograp. Universelle et particul.

Vellum binding.

Table of contents: 1er tome, 1ere partie: Les autheurs qui ont traité de la geographie, fait des cartes, etc. 2^m partie: Les ouvrages de ceux qui ont traité de la geographie, fait des tables, etc. 3. partie: Voies Romaines ou militaires dans les Gaules avec des cartes et dissertations.

The text is in Latin and French and contains letters to Dubuisson, many of which are dated ca. 1630, printed maps, and several hand-drawn maps of rivers.

Bears a stamp on the inside cover that may be that of a seminary library.

47

Bem, Thomas Caetano de, 1718–1797. A ley lamecense fundamental do Direito Publico Lusitano rectamente Considerada, e exposta em a presente Dissertação Critico-Historico-Juridica por D. Thomaz Caetano de Bem, Clerigo Regular, Deputado da Junta do Estado da Real Caza de Bragança e Chronista da mesma Real Caza. [9] leaves [incomplete?]. P̄–159

On spine: D. T. C de Bem. A ley lamecense.

Leather spine and corners.

48

Bernardes, [Manuel, 1644–1710?]. Apologia en forma de carta feita pello $Illm^o$, e R^{mo} S^r $Mons^r$ Bernardes. Apologia do Monsieur Bernardes; . . . Prelado da Sta Igr^a Patriarchal no Tempo em que era lente de Vespora na Universidade de Coimbra na Faculdade dos Sagrados Canones, Em resposta de hum papel, ou Satyra que sahio contra El Rey D. Sebastiam, e os Sebastianistas, intitulado Practica Suasoria. 634 p. P–68

On spine: Monsieur Bernardes, Apologia. MS.

Decorated preliminary title page.

Leather spine and corners.

The stamp of Pedro A. Ferreira, Abbade de Miragaya, Porto, appears in the book.

49

Borges de Figueiredo, Antonio Cardoso, *ca.* 1851–1890. Homenagem a Camões. Junho de 1880. 8 p. P–450

Facsimile on parchment (the unique copy of parchment in an edition of thirty), bound in cardboard.

Inscribed by the author to his daughter.

50

Braga, Theophilo, 1843–1924. Camões; epoca, vida e obra. Approx. 800 leaves.   P–357

This is a copy for the printer, including the original draft, and some sections of printed page proof, showing corrections and additions.

This work was published in 1907 in Porto by Livraria Chardron, de Lello & Irmão (PQ9011.B8 v.13).

51

Braga, Theophilus [i.e., Theophilo], 1843–1924. History of Portuguese literature. Oporto, 1870. 2 v., 698 leaves.   P–60–61

Leather binding with gilt decoration.

Manuscript translation in 2 volumes of published original (PQ9011.B78). Bookplate appears with the motto Sub Robore Virtus.

This work is written in the same hand as items no. 53, 223, and 267 (P–104, P–16, and P–52).

52

Braga, Theophilo, 1843–1924. Studies of the Middle Age. Philosophy of the literature, by Theophilus Braga. Oporto and Braga, Ernest Chardron and Eugene Chardron, 1870. 2 v., 374 leaves (continuously numbered in V. I and II).   P–105–6

On spine: vol. 1, Studies of the Middle Ages; vol. 2, Mystical Poetry of Portugal. The bookplate has the legend Sub Robore Virtus.

53

Braga, Theophilo, 1843–1924. Vision of the times; Homeric Antiquity, Harp of Israel, Mystic Rose. 2d ed. corrected and augmented. Oporto and Braga, Ernest Chardron and Eugene Chardron, 1869. 175 leaves.   P–104

On spine: Visions of the Times—Theophilo Braga.

Leather spine.

The bookplate has the legend Sub Robore Virtus.

This work was written in the same hand as items no. 51, 223, and 267 (P–60–61, P–16, and P–52).

54

Brazil. Documents, ca. 1576–1903. 7 items.   P–516

Contains: 1. Almeida, Luis de Brito de, governor-general of Brazil. Document, dated Cidade de Salvador, June 20, 1576, confers knighthood upon António Lopes d'Ilhoa and outlines Almeida's reasons for so doing. Among the several contemporaries of Ilhoa's named is Capt. Salvador Correa de Sá. 2. Decrees and resolutions, 1731–53, some of which concern only continental Portugal. 3. Letter of prince regent, 1811, pertaining to religious orders in Portugal and canonical law. 4. Notice of tax exemption on commerce in indigo from Brazil for five years, 1781–86. 5. Notice of tax exemption on rice imports in Portuguese overseas territories for ten years, 1783–93. 6. Tax exemption for rice imports from Portuguese overseas territories for ten years, 1804–14. 7. Notarized statement of an inheritance settlement concerning the will of Dona Antonia Rosa de Carvalho, Rio de Janeiro, August 4, 1903.

55

Brito, Floriano de. A Cadeirinha de Floriano [de Brito] (Copiado do *Braz Cubas,* Revista no Rio de Janeiro . . . de 25 d'Abril de 1918). 1 leaf.   P–470
Note reads: Offerecido ao Illmo Dr. Antonio Augusto de Carvalho Monteiro.

56

Broadsides. 2 items.   P–593
1. Allegoria á descoberta e ao IV Centenario do Brazil. J. Guimaraes, S. Paulo, 1900.
This is a poster showing the sailing of Cabral and scenes of the discovery and independence of Brazil. Portraits of Cabral, the two emperors, and the first four presidents of Brazil also appear.
2. "Quem está endividado confessa . . ." Glorification of God and the Portuguese king and the Crusades against the Moslems.
On the verso is the text in Latin.

57

Broadsides and posters. 8 items.   P–594
Broadsides and posters announce a theatrical presentation of Gil Vincente's plays, with cantos from *Os Lusíadas* (to be presented at the Theatro de Maria) celebrating the fourth centenary of the Portuguese discovery of the sea route to the Indies.
One poster is an open letter of June 5, 1912, from the Companhia Carris de Ferro de Lisboa to the presidente da Câmara Municipal de Lisboa; another announces the Grande Loteria de Camões held in June 1912; and another advertises a two-volume version of *Os Lusíadas,* edited by Theophilo Braga and published by the Biblioteca Nacional.

58

Brotas. A report sent to M^{el} Telles, 1793 April 8, about civil disturbances in Brotas. 2 leaves.   P–588

59
Cabreira, Antonio, 1868– Postcard to Theophilo Braga, Lisbon, 1909 Aug. 23. P–473
Cabreira states that he is leaving the country and that during his absence Julio Augusto Ferreira will take over the duties of secretary to the academy (possibly the Academia Real das Ciências).

60
Caminha, António Lourenço, d. 1831. Mappa alfabetico de muitos manuscriptos, e originaes da Livraria de Historia Portugueza de Antonio Lourenço Caminha, Professor Regio de Rhetorica, e Poetica, cujas obras se offerecerão por elle mesmo ao Serenissimo Sr. D. Joao Principe destes Reynos, em argumento de seu zelo, patriotismo, e vassalagem. 63 leaves. P–352
Paper cover.
The catalog includes, besides many anonymous titles, lists of writings by José de Cunha Brochado, Luís da Cunha, António Vieira, Alexandre de Gusmão, the marquês de Pombal, and Diogo de Couto.
Poetry, letters, essays, memoirs, and history are genres represented in some four hundred listed items written from the sixteenth through the eighteenth centuries.

61
Caminho da Geira e Estrada Militar do Gerês, e Antiguidades, que comprehendem a Geira. E se descreve tambem o Gerês com noticias de tudo o que nelle há. [41] leaves. P–162
On spine: Caminh. da Geira Estrad. Militar.
Leather binding.
Includes a description of Braga and its environs in a section entitled: Noticia da Freg.ª de S. João do Campo.
The Caminho da Geira was a Roman road which ran north from Braga.

62
Camões, Luiz de, 1524?–1580. *Allgemeine Deutsche Real-Encyclopädie fur die gebildeten Stände; Conversations-Lexicon.* 11. Aufl. 2 p., numbered 66, 67. P–520
Contains a copy of a German commentary published in this encyclopedia (Leipzig, 1865).

63

Camões, Luiz de, 1524?–1580. Attestations and accompanying papers from the general secretary of the government of Macau concerning the purchase and sale of the Gruta de Camões. Papers dated 1907 Nov. [15] leaves.   P–507

In official envelope with seals.

The grotto was sold to the government of Macau by Lourenço Marquez and his wife in 1885.

64

Camões, Luiz de, 1524?–1580. Clippings, letters, announcements, etc., relating to the tricentennial of Camões' death and to the planning and inauguration of a series of annual Congressos das Associações Portuguezes. 34 items.   P–367

Assembled in leather binding, bearing old title: Livro da Companhia.

Correspondence and communications of A. Bettencourt, Joaquim Theophilo Braga, the Sociedade de Soccorros Mutuos Luiz de Camões of Rio de Janeiro, the Portuguese Sociedade Nacional Camoniana, and the Centro Republicano Federal are included.

65

Camões, Luiz de, 1524?–1580. *Encyclopaedia Britannica.* Copy of article on Camões taken from the 9th edition of the Encyclopaedia Britannica. [12] leaves.   P–373

66

Camões, Luiz de, 1524?–1580. Flores Camonianas. Porto, 1890. 6 leaves.   P–447

Leather bindings with gilt decorations.

The poetry is copied from a manuscript acquired in Holland, according to the preface, which is signed by José António Alves Vianna.

Includes pen-and-ink vignettes.

67

Camões, Luiz de, 1524?–1580. Lote de 29 documentos sobre a trasladação dos ossos de Luiz de Camões para a Igreja dos Jeronymos em Belem, 1880. 27 items.   P–449

Consists of letters from dignitaries and official groups, telegrams, and notices in response to invitations and concerning the ceremonies for the transfer of the bones of Camões.

68

Camões, Luiz de, 1524?–1580. [Os Lusíadas.] Argumentos dos Lusiadas, exemplar unico enriquecido com 70 autographos e 29 Fac-similes. Desenho de Julio da Silva; manutypia por Maximiano da Silva. Lisboa, 1880. Approx. 155 leaves.　　　　　P–278
　On spine: Lusiadas 1880.
　Vellum binding, folio.
　Offers original drawings and designs with the first argument of each canto of *Os Lusíadas*.
　Presents a homage to Camões with holograph signed statements by leading literary and other figures. Among the autographs are those of J. B. de Almeida Garrett, Alberto Pimentel, Xavier da Cunha, and Theophilo Braga.

69

Camões, Luiz de, 1524?–1580. [Os Lusíadas.] Autographos-originaes da familia Real Portuguesa pª a ediçao manuscripta dos *Lusiadas*. 6 items.　　　　　P–364
Includes autographs of: 1. D. Carlos, rei. 2. D. Amelia, rainha. 3. D. Maria Pia, rainha viuva. 4. D. Luiz, principe. 5. D. Manuel, infante. 6. D. Affonso, infante.
　The packet containing the autographs is inscribed to A. A. de Carvalho Monteiro.

70

Camões, Luiz de, 1524?–1580. [Os Lusíadas.] Homenagem a Camões. Grande edição manuscripta dos Lusiadas pelos contemporaneos ilustres de Portugal e Brazil. Dirigida pelo Dr. Theophilo Braga ... e prefaciados por Manuel Pinheiro Chagas. Lisboa, Typographia Elzeviriana, 1883–1885. 152 leaves.　　P–279–80
　Contains three sets of printed fascicules (1–38) in wrappers, unbound.
　Sets 2 and 3 lack the sixth fascicule.

71

Camões, Luiz de, 1524?–1580. [Os Lusíadas.] Os Lusíadas. [7] leaves.　　　　　P–550
　Consists of a manuscript of first four stanzas, bearing the printer's marks.

72

Camões, Luiz de, 1524?–1580. [Os Lusíadas.] Os Lusiadas de Luiz de Camões, Principe dos Poetas Portuguezes, commentados em Castelhano por Manoel de Faria e Souza [penciled in: Cavalheiro da

Entry 68. Original drawing by Julio da Silva, Lisbon, used to preface a canto of Os Lusíadas
(1880).

21

Entry 72. Pen-and-ink portrait by Domingos Nunes Godinho in 1870 version of Os Lusíadas.

Ordem de Christo e da Casa Real] e traduzidos por Manoel Nunes Godinho. Borrão original, 1870. ccxxi, 457; 737 and 591 p.

P–214–16

On spine: Commento aos Lusiadas por Faria e Sousa. Tradução de Godinho. Original. Pertence a Godinho.
Leather binding with gilt decoration.
Four volumes in three.
The note on the second title page reads: "Traduzido da Edição de 1639; impressa em Madrid; foi traduzido esta obra em 1869."
Contains pen-and-ink portraits and drawings of coats of arms [by Domingos Nunes Godinho?].

73

Camões, Luiz de, 1524?–1580. [Os Lusíadas.] Notas a Ediçao de Camo[es] de Hamburgo (Impressas). Varios Escriptos. 27 folded sheets.

P–527

Critical comments and corrections to Faria e Sousa's edition of *Os Lusíadas*.

74

Camões, Luiz de, 1524?–1580. [Os Lusíadas.] Notas aos Lusiadas de Camões. Lisboa, 15 de Outubro de 1853. [158] leaves.

P–148

On spine: Notas aos Lusiadas de Camões. 15 de Outubro de 1853.
Leather spine.
Offers stanza by stanza notes on the text of the *Lusíadas*.

75

Camões, Luiz de, 1524?–1580. [Os Lusíadas.] Papers relating to the sale of a version of the *Lusíadas* with commentary in Spanish by Manoel Nunes Godinho in a special edition; papers dated from 1883 Oct. to 1886 Feb. 19 items.

P–339

Godinho was a calligrapher, and his son, Domingo Nunes Godinho, contracted with António Augusto de Carvalho Monteiro to make a unique copy of his father's work for him. In addition, Domingos Nunes Godinho copied illustrations and drawings for a special edition of Camões' works sponsored by Carvalho.
Items include letters, the contract, and receipts.

76

Camões, Luiz de, 1524?–1580. [Os Lusíadas.] Segundo estudo sobre o manuscripto dos Lusiadas, q̃. se suppoẽ copiado por Filinto Elysio. 33 p.

P–441

Notebook.
At the beginning of the text may be read: "Segue-se o Fac-simile [a tracing?] cuidadosamente extrahido, da 1ª pagina da copia, e de

23

outra pagina do Canto VI dos Lusiadas, do manuscripto, pertencente ao Sr. Conselh. Sergio Teixeira de Macedo e que supponho ser todo do punho de Francisco Manoel de Nascimento (Filinto Elysio)."

Concerns a purported forgery of a Camões manuscript, claimed to have been found in Paris but attributed to Filinto Elysio.

Signed: Rio de Janeiro, 5 maio 1866, J. F. de Castilho Barreto e Noronha.

77

Camões, Luiz de, 1524?–1580. [Os Lusíadas.] Stanza of *Os Lusíadas*. 1 leaf.   P–427
Holograph of Carvalho Monteiro.
To be included in the "Grande edição manuscripta" [?].
The manuscript begins: "Ves aqui a grande machina do mundo."

78

Camões, Luiz de, 1524?–1580. [Os Lusíadas. Arabic.] Traducção em arabe de algumas estrophes dos Lusiadas por J. Pereira Leite Netto. Lisboa, Imprensa Nacional, 1881. 7 leaves.   P–448
This original contains penciled notes in the margins indicating corresponding cantos.

79

Camões, Luiz de, 1524?–1580. [Os Lusíadas. English.] Specimens of a translation of the *Lusiad*. By Edward Quillinan of Rydal. 1851. 53 p.   P–451
Notebook with illustrated cover.
Various stanzas from the first five cantos with notes are included.

80

Camões, Luiz de, 1524?–1580. [Os Lusíadas. French.] Les Lusiades de Camoens. 156 leaves.   P–181
On spine: Les Lusiades de Camoens. Traduction par H. Garin.
Leather spine with gilt lettering.
On the flyleaf may be read: "Este manuscripto autographo que serviu em 1889 para a composição typographica da versão franceza d' *Os Lusíadas,* publicada por Jacintho Garin fica desde hoje pertencendo ao Dr. Antonio Augusto de Carvalho Monteiro em comemoração do dia d' amanhar 329º do ingresso de Luiz de Camões nas glorias da immortalidade. Lisboa, 9 de junho de 1909, Xavier da Cunha."
Translation was begun in Garin's youth and was completed fifty years later.

81
Camões, Luiz de, 1524?–1580. [Os Lusíadas. Polish.] Lusiady albo
Portugalczycy Epopea L. Camoënsa. Dyonizego Piotzowskiego.
Boulogne sur Mer. 147 p.   P–445
Facsimile in worn notebook.
This work may have been extracted from or used for the edition
published by H. Delahodde (Boulogne sur Mer, 1876).

82
Camões, Luiz de, 1524?–1580. [Os Lusíadas. Russian.] Luziada,
Iroicheskaia poeme, Ludovika Kamoensa. Chasm. II. Perevelena s'
Frantsuzscago de la-garpova perevodu. 256 p.   P–272
Translation by Aleksandrov Dmitrieff, Moscow, 1788.
In Cyrillic alphabet.
Cited in Theophilo Braga's *Bibliografía camoniana* (Lisboa: Im-
prensa de C. A. Rodrigues, 1880), p. 165.

83
Camões, Luiz de, 1524?–1580. [Os Lusíadas. Canto I.] Parodia do
primeiro canto dos Luziadas pelo Doutor Manoel do Valle, De-
putado do Santo Officio. [25] leaves.   P–446
Leather spine and corners.
Consists of 106 stanzas.

84
Camões, Luiz de, 1524?–1580. [Os Lusíadas. Canto I, Swedish.]
Lusiderne hjeltedikt af Luis de Camoens öfversattining. . . . Upsala,
1838. [20] leaves.   P–361
Unbound signature.
Presents a copy of the Swedish translation of the first canto of *Os
Lusíadas.*
Translated by Carl Julius Lanstrom.

85
Camões, Luiz de, 1524?–1580. [Os Lusíadas. Cantos I–II.] Os
Lusiades; Cantos 1 e 2. Porto, 1889. [43] leaves.   P–273
On spine: Camões. Lusiadas. Cantos 1º e 2º
Leather spine with gilt.
Includes red and black ink decoration and initials. Includes the
title page for "Canto Terceiro."

86
Camões, Luiz de, 1524?–1580. [Os Lusíadas. Canto III, 118–136.]
Episodio de Ignez de Castro extrahido do Canto Terceiro (estancias
CXVIII a CXXXVI) dos Lusiadas de Luiz de Camões. Trabalho calli-

25

graphico por Domingos Nunes Godinho, calligrapho de sua Mages-
tade feito expressamente para A^{ntonio} A^{ugusto} de C^{arvalho} M^{onteiro}. Lisboa, 1882. 8 large leaves, unbound.   P–595
Manuscript appears in blue ink, decorated with gilt, and contains
an illuminated title page. Carvalho Monteiro's full name is hidden in
the large initial letters.

87

Camões, Luiz de, 1524?–1584. [Os Lusíadas. Canto III, 118–136.
French.] Inês de Castro. Epitafio de D. Ignez de Castro no Poema
dos Lusíadas. Traducção feita em francez pelo Duque de Palmella.
3 p.   P–459
With it are: 1. "Agnes de Castro. In frageda-ti juncte in leaganul
fericirei te reposai, frumosa Agnes culegandu fructele annilor tei.
. . ." Five leaves. 2. "A raiva e a tirania entre aquelles ferros
humanos. . . ." One leaf; notes for the composition of three decimas.

88

Camões, Luiz de, 1524?–1580. [Os Lusíadas. Canto III, 118–136.
French.] Essai d'imitation libre de l'episode d'Ignez de Castro dans le
poëme des Luziadas de Camoens. Par Mlle. M. M. A La Haye, et se
vend a Bruxelles, MDCCLXXIII [1773]. 9 folded leaves.   P–452
The note in the text reads: "A translation of the episode of Inez
de Castro from the Lusíadas of Luis de Camoens with prefatory
remarks. Porto, 1844."

89

Camões, Luiz de, 1524?–1580. [Os Lusíadas. Canto V, 37–60.]
Episodio de Adamastor extrahido do Canto Quinto, Estancias
XXXVII a LX dos Lusiadas de Luiz de Camões. Trabalho calligraphico
por Domingos Nunes Godinho, Calligrapho de Sua Magestade feito
espressamente para A^{ntonio} A^{ugusto} de C^{arvalho} M^{onteiro} . Lisboa, 1882.
10 folio leaves.   P–596
Unbound.
Manuscript appears in black ink with blue, red, and gold initials
and illuminated title page. Carvalho Monteiro's full name is hidden
in large initial letters.

90

Camões, Luiz de, 1524?–1580. [Os Lusíadas. Canto V, 37–60. Ita-
lian.] Adamastor. Italian translation by Próspero Peragallo, 1897
Aug. 17. 1 leaf folded, 28 leaves.   P–363
Dedicated to António Augusto de Carvalho Monteiro and accom-
panied by holograph signed comments by Xavier da Cunha.
Da Cunha's notes compare Da Gama's feat in going around

26

the Cape of Good Hope (called the Cabo dos Tormentos by Vasco da Gama) to Dante's description of a descent into Hell. He also mentions ". . . estas breves linhas preliminares com que o Dr. António Augusto de Carvalho Monteiro, editor da presente publicação, permittiu e me ordenou que eu tivesse a honra de acompanhal-a."

Próspero Peragallo lived in Lisbon for several years, "parochiando a italiana Egreja do Loreto."

91

Camões, Luiz de, 1524?−1580. [Os Lusíadas. Canto V, 37−60. Spanish.] Episodio de Adamastor dos Lusiadas de Camões por D. Patricio de la Escosura, traduzido em verso castelhano, 1855. [5] leaves.   P−362

Contains a copy of a portion of *Os Lusídas*, translated into Spanish by Escosura and dedicated to Snra. D. Maria Henriqueta do Casal Ribeiro, Lisbon, August 6, 1855.

92

Camões, Luiz de, 1524?−1580. Relatorio sobre a sepultura do Camões. 6 leaves, bound with grommets.   P−372

Oilcloth map of the grave site of Camões is included.

The report, signed by Andrade and prepared by the Direcção das Obras Publicas do Distrito de Lisboa, discusses the circumstances of Camões' grave from 1573 to 1880. With it are facsimiles of notice of death and portraits of Camões and a transcription of a passage found in the Real Arquivo of the Torre do Tombo, certifying that Camões died in 1580 (rather than in 1579).

93

Camões, Luis de 1524?−1580. [Rhythmas.] Pretidão de Amor. 594 p.   P−463.

Many additional inserted pages. Edited by Xavier da Cunha and dedicated to Vicente Rodrigues Monteiro, son of Gaspar José Monteiro and "amigo intimo do Dr. Antonio Augusto de Carvalho Monteiro."

The work was published in Lisbon at the Imprensa Nacional in 1895 with the title: *Pretidão de amor; endechas de Camões a Barbara escrava, seguidas da respectiva traducção em várias línguas e antecedidas de um preâmbulo* (PQ9196.Z8E6 1895).

94

Camões, Luiz de, 1524?−1580. [Sonnets.] Sonnets of Luis de Camões. [107] leaves.   P−274

On spine: Camoens.

Leather spine.

27

A note on the endpaper reads: "A small selection of the Rimas were translated into Spanish as under—Poesias Varias ó Rimas de Luis de Camoens que Tradujo al Castellano Don Lamberto Gil. Madrid, 1818."

A note initialed "I.H., 19 August 1868" appears at the foot of the translation of the first sextina. The collection contains 238 sonnets and 4 sextinas. The book plate has the motto Sub Robore Virtus.

95

Camões, Luiz de, 1524?−1580. [Tributes.] Á Sa Majesté trés fidele Dom Luis Roi de Portugal et des Algarves. Stances escrites a l'occasion de la statue elevée a Camoens. 6 leaves.   P−369

Five poems in French honoring Camões and Casimir Lieutaud (1822−1855)—a French-Portuguese who founded the College Français Lieutaud in Rio de Janeiro.

96

Camões, Luiz de, 1524?−1580. [Tributes.] A inauguração do monumento a Camões. [4] leaves and 12 p.   P−371

Poem, unsigned.

Accompanying it is "A Camões," a poem by L. A. X. Palmeirim (1825−1893).

97

Camões, Luiz de, 1524?−1580. Vida de Luis de Camoens. 16 leaves.
     P−374

This life history ends with a quote from Shakespeare: "He was a man, take him for all in all I shall not look upon his like again."

With it is another "Vida de Luis de Camões," bearing the following inscription: "Copia tirada fielmente e com a mesma ortografia de um 'manuscripto' existente na Bibliotheca Nacional de Lisboa e que pertenceu a Dᴿ Antonio Ribeiro dos Santos [B−3−7] e atribuido a Fr. Francisco de Santo Agostinho de Macedo."

98

Campos, Serafim Manuel de Figueiredo e, d. ca. 1830. Allegação Juridica à favor dos Illᵐᵒˢ Snrᵉˢ Priores Mores Da Ordem Militar de S. Bᵗᵒ d'Avis na qual se defende a prerogativa que tem de conferirem Prima Tonsura, e Ordens Menores aos Moços do Choro e Hospedarios do Real Convento d'Avis, e passarem-lhes dimissorios pᵃ Ordens Sacras offerecida ao Illᵐᵒ e Exᵐᵒ Snr. D. Jose d'Almeida Prior Mor e Visitador Geral da dita Ordem Militar por Serafim Manoel de Figᵈᵒ Campos Dᵒʳ na Faculdade de Canones, e Freire

Conventual da mesma Ordem. Lisboa, Anno 1805. 50 p.   P−86
Notebook.
The *Allegação jurídica* was published in Lisbon in 1805 (Inocêncio, VII: 256).

99
Canon Law. Analyse ao Cap. 74 de Testam; 1788−89. [31] leaves.
P−199
Leather spine and corners.
Includes documents and decisions, with many footnotes.

100
Canon Law. Commentary. [350] leaves, in several paginations.
P−143
On spine: P. P. Varii. . . .
Vellum binding.
The text is in Latin.
"Gomez" is written on the flyleaf and in the upper right hand corner of some pages; "postilas varias" appears on the upper corner of the first flyleaf.

101
Cape Verde Islands *(Diocese)*. Bispado de Cabo Verde, Ilha de S. Thiago, Igreja Cathedral de S. Thiago. 2 leaves.   P−587
Contains a list of salaries received by different church offices, from bishop to treasurer.

102
Carnot, Marie François Sadi, *president of France,* 1837−1894. Dernier Discours du President Carnot pronuncé le 24 Juin 1894, au Palais du Commerce, au Banquet offert par le Conseil Municipal et le Conseil General. [1] leaf.   P−506
Printed.
Speech made by Carnot, fourth president of the Third French Republic, just before his assassination.

103
Carta ao Sr. D. Pedro 4º 56 p., [16] leaves.   P−537
Copies of letters on the Miguelist controversy, with continuous text, are dated May 1827 to August 1828.
The writer is critical of British interference in Portuguese affairs but apparently took refuge in England. These political letters, some signed A. D., are written from Lisbon, London, and Porto.

104
Carta escrita de Lisboa por hum Fidalgo Estrangeiro a hum seu amigo de Alemanha traduzida da lingoa Franceza. Lisbon, 1780 Sept. 10. 9 leaves.   P–460–61
Sewn signature.
This is the same as entry no. 105, but with a variant title.
With this letter is another copy in a later hand.

105
Carta escrita de Lisboa p^r hum Fidalgo Estrangeiro de Alem^a traduzida da lingua Franceza. [213] leaves, some blank.   P–217
On spine: Varias Cartas . . . Descobrimento das Minas.
Paper binding.
Contains: 1. Capitulo das Minas Geraes, seo descobrimento, grandezas da sua capitania. 2. Cartas de Duarte Ribeiro de Macedo. Paris, April 8, 1673 (on commerce and trade, encouragement of crafts). "Sobre se poderem transplantar todas as plantas q̃ ha na Azia, na nossa America, q̃ disso pode resultar ao nosso Ruino." Paris, January 8, 1653. 3. Letter from the marquês de Lavradio to Luis de Vasconcellos e Souza concerning affairs in Brazil. Rio de Janeiro, June 19, 1779. 4. Relação que fas o Mestre de Campo Alexandre Alvares Duarte e Azevedo das Freguezias pertencentes ao seu terço, por ordem do . . . Marquês do Lavradio, Vice Rei do Estado. October 8, 1778. 5. Methodo pelo qual se estabelece nova e melhor administração para guardar direcção e segurança do Deposito Geral desta Cidade. Rio de Janeiro, January–February 1774. 6. Instrucção do modo com q̃ se deve apanhar, e preparar a coxonilha; fase-la propagar, e cultivar a planta vulgarm^e chamada Figueira do Inferno e Figueira da India; e pelos Botanicos Opuncia, na qual se nutre, e acha a coxonilha. José Henriques Ferreira, Rio de Janeiro, March 10, 1778. 7. Sendo bem visto . . . (legal brief on libel and property rights in the case of the Cazal de Fervença).

106
Carthorio e breve relação do mvy antigo principio, e felice augmento desta Provincia de Sancto Antonio em Portugal, com todas suas casas: & da custodia do Mesmo Sancto em o Brasyl, que della emanou, cõ outras conquistas que seus religiosos emprenderaõ, pera gloria do Senhor, & augmento da nossa sancta Fé. Collegido fielmente das memorias & informações que os padres antigos nos deixarão, authenticadas com sua grande virtude, & muyta authoridade em que na Religião florecerão. Anno MDCXXII [1622]. [4], 125, [5], 39, [20], 12 leaves, many blank.   P–229
On spine: Historia da Origem Da Pr. Des A Dep.
Leather binding, with one lock.

Nonconsecutive paging.

Three indexes, "dos capitolos."

The date 1653 appears in a marginal note written in another hand.

107

Carvalhaes, Manuel Pereira Peixoto de Almeida, 1856–1922. Inês de Castro na opera e na choreografia italiana. Supplemento à separata da obra intitulada *Subsidios à historia da opera e da choreografia italianas, no seculo XVIII em Portugal,* Lisbon, 1915. 96, 80, [14], [16], and 32 leaves.   P–457

Also contains first, second, and third galley proofs, with corrections, of the above work (ML1747.3.C3.). Included are copies of portraits of Fanny and Giuseppe Persiani, inscribed by Carvalhaes.

108

Carvalho, Luiz Antonio Alves de. Memorias, 1839–1875. [165] leaves.   P–130

On spine: Manuscriptos. Memorias 1.

Notebook, leather spine, and corners.

Consists of Carvalho's diary and notes. The years before 1873 are covered sporadically. Most of the entries were written in Rio de Janeiro and Petropolis in 1874 and 1875. The final entry is dated March 26, 1875.

Clippings from several Brazilian newspapers are attached throughout diary.

Carvalho was an avid entomologist and collector of butterflies. He also was apparently a cousin of António Augusto de Carvalho Monteiro.

109

Carvalho Monteiro, António Augusto de, 1850–1920. [24] leaves. Dedicatory inscriptions to him. 3 items.   P–465

Contains: 1. Ao Illmo & Exmo Sr. Dr. Antonio Augusto de Carvalho Monteiro offerece o traductor, J[osé] Benoliel. Lisbon, March 29, 1897. 9 leaves. 2. Au Mecenas Lusitanian. 1 p. Text in French and Catalan or Provençal. Porcheres, July 17, 1897, in praise of Xavier da Cunha and Carvalho Monteiro. 3. Poem to Carvalho Monteiro by J. Benoliel and notes on a shorthand manuscript (2 folded leaves) he had sent to Carvalho Monteiro.

The bibliophile "Monteiro Milhões," as he was popularly known, had the most complete collection of Camoniana inside Portugal at the turn of the century. Much of that collection, published and in manuscript, is now part of the collections of the Library of Congress.

110

Carvalho Monteiro, António Augusto de, 1850–1920. Letters to
him. 6 items.   P–476

The letters contain acknowledgments of receipts of copies of *Estancias e lições desprezadas e omittidas por Camões,* by José Augusto
Nazareth, which Carvalho Monteiro had published after Nazareth's
death in 1883. Included are letters dated January and February
1883 from José Monteiro Pinto Ramos, Tito de Noronha, Augusto
Rocha, Joaquim de Vasconcellos, Augusto Mendes Simões de Castro, and J. J. Pereira Caldas.

Nazareth's work was published in an edition of thirty copies. Copy
no. 21 (Luiz de Camões, *Estancias e lições desprezadas e omittidas*
[Coimbra: Casa Minerva, 1881—i.e., 1882]) is in the Library of Congress (PQ 9198.A5 1882).

111

Carvalho Monteiro, António Augusto de, 1850–1920. Literary correspondence, 1881–1918. 21 items.   P–468

Contains: 1. Letter from Eduardo Lemos, president of the Gabinete Portuguez de Leitura in Rio de Janeiro, August 30, 1881.
2. Letter from Francisco de Paulo Santa Clara, Elvas, June 29, 1882.
3. Letter from J. T. de Sousa Martins, January 29, 1884. 4. Letter
to "Cavalheiro A. J. Viale," from Franco de Paz, Rio de Janeiro, May 3,
1888. 5. Four letters and one card from Francisco Gomez de
Amorim, April and May 1890. 6. Letters from José António Alves
Vianna, Porto, March 20 and 23, 1890. 7. Letter from João
Bonança, Lisbon, May 1, 1890. 8. Letter from Manoel Duarte, June
11, 1898, enclosing a printed copy of his *Resposta ao Suplemento do
Snr. Affonso Costa,* defending Pascoal José de Mello Freire, and a
copy of his *Sophismas, contradicções, e vaidades.* 9. Letter from A. Mascaro, "Medico-Oculista," Lisbon, September 18, 1899, concerning a
Camões episode and discussing his invention of a writing machine
which could be used by the sighted and the blind and which would
write music as well as prose. 10. Letter from J. Francisco Grith,
November 7, 1907. 11. Three communications from the Società
Luigi Camoens in Naples, April 21 and November 20, 1907, and
March 18, 1909. 12. Note from Carolina Michaëlis de Vasconcellos,
Porto, January 5, 1909. 13. Letter from José António Bentes, July
30, 1910. 14. Letter concerning an issue of *Illustração* and two other
publications, undated with undecipherable signature. 15. Letter
from Branca de Gonta Colaço, Lisbon, November 26, 1918.

Many of these letters refer to special editions of Camoniana published by Carvalho Monteiro; some bear notation of date of receipt
and his response.

112
Carvalho Monteiro, António Augusto de, 1850–1920. Papers and correspondence. 8 items.   P–467
   Contains: 1. Letter from Luiz Alberto Corte Real to a real estate agent concerning the sewage repairs needed at 97 São João da Motta, a house apparently owned by Carvalho Monteiro, January 16, 1905. 2. Letter from his cousin Luiz Carvalho, undated. 3. Letter from Higgenbach Stehlin, Basel, January 19, 1883; recipient of letter not named. 4. Note from Carvalho, probably to a close friend or relative, Petropolis, May 25, 1874. 5. Letter addressed to "Minha Tia e Sra," from a member of the Carvalho Monteiro family, undated with note from records of the Mesa da Consciencia copied on one page. 6. Letter in Spanish, signed "Carlos" to the conde de Atalaya, 1883. 7. Bill of sale and other documents in which António Augusto de Carvalho Monteiro represented the buyers, residing in Rio Janeiro, in the purchase of a lot of ground in the Praia de Flamengo in Rio de Janeiro, 1916. 8. Calling cards of Augusto Pigarra, De Seyn-Verhougstraete, and the visconde de Souza Prego (with mourning border of black).

113
Carvalho Monteiro, António Augusto de, 1850–1920. Verse from *Os Lusíadas* with his signature. 1 leaf.   P–427
   Written for inclusion in *Grande edição manuscrita dos Lusíadas*.

114
Castilho Barreto e Noronha, José Feliciano de, 1810–1879. Complemento das duas memorias que escrevi sobre o manuscripto dos Lusíadas, a que alludiu o Morgado de Mattheus, no final da sua edição do poema, de 1819, e o Sr. Visconde de Juromenha no Tomo I da sua colleção sobre a Rubrica de Francisco Manuel do Nascimento. Rio de Janeiro, 1866 July 2. 8 leaves.   P–366
   Castilho later published *Memoria sôbre o exemplar dos "Lusíadas" da biblioteca particular de sua magestade o imperador* (Rio de Janeiro, 1880).

115
Castilho Barreto e Noronha, José Feliciano de, 1810–1879. Memoria acerca do exemplar dos Lusiadas que hoje pertence ao Exmo. Sr. Conselho Sergio Teixeira de Macedo. Rio de Janeiro, 1866 Apr. 24. 9 leaves.   P–365
   At head of title: 1º Estudo.
   Describes the apparently bona fide sixteenth-century manuscript, the "original da segunda copia" of *Os Lusíadas*.

116

Castro, João de, 1551?–1623?, *and others.* Discurso da vida do sempre bem vindo e aparecido Rey D. Sebastião N. Snr. O Encuberto Desde o seu nascim^to até of Prez^e tempo, offerecido por Dom João de Castro aos Tres Estados do Reyno do Portugal em Paris. Por Mattheu Verac M^or na Rua de Judas, Anno de 1602. 187 leaves.   P–33

On spine: D. Sebastião. MS.

Leather binding with gilt coat of arms [O.P.L.].

On the flyleaf may be found: "He de Diogo José de Mello."

Bound with it: 1. Rellação do q' succedeo, em Evora Cidade a hum menino de onze ann^s o q' por parecer não ser certo, se fez toda aquella prova q. p^a se averiguar hua verdade he necess^o 2. Trovas de Gonçalo Annes Bandarra q. se acharaõ na parede da Igr^a de S. P^o da V^a de Trancozo. 3. Noticia da Ilha Encuberta dada pello P^e Fr. Andre de Jesus, e Fr. Francisco dos Martires, Religiosos Capuchos que a ella forraõ no anno de 1668. 4. Juizo ou pronostico do D^or Domingos de Araujo Auditor Geral da fronteira de Elvas sobre a conjunção maxima q' houve neste R^no em 2. de Março de 1643 as 8 horas e 36 minutos da manhã; cuja sustancia concorda com as profecias de Bandarra, e de S^to Izidro. . . .

João de Castro was the natural son of D. Álvaro de Castro and nephew of the viceroy João de Castro. He went to Africa with King Sebastian and remained a prisoner of the Moors after the fateful battle of August 4, 1578. When the battle was over, Castro did not return to Portugal, not wishing to admit Philip II as his king. He was convinced that King Sebastian still lived. It is believed that Castro was still living in 1623 (Inocêncio, III: 628).

117

Castro, João de, 1551?–1623?, *and others.* Discurso da Vida do sempre bem vindo e aparessido Rey D. Sebastiam Nosso Senhor o Incoberto, des-de o seu nascimento thé a era de 1602. Feito, e dirigido por D. João de Castro, aos Tres Estados do Reyno de Portugal que vem a sêr, ao Estado da Nobreza, Clero, e Povo. Dado ao Prello em Pariz, Na D^a era, e manuscrito por hum coriozo, na de 1730. Com mais algumas profecias pertencentes a boa vinda do mesmo senhor. Santarem, Na Officina de Coriozidade. 103 leaves.   P–46

On spine: Joas [sic] de Castro. Discurso, etc. MS.

Leather binding with gilt coat of arms [O.P.L.].

Bound with it: 1. Facsimile de uma Carta por El-Rei D. Sebastião ao Padre Geral e Convento do mosteiro de Sta Cruz de Coimbra pedindo emprestado o escudo e espada d' El-Rei D. Affonso Henriques em 14 de Março de 1578. 2. Relação do Socesso que teve o

pathacho chamado N. Srª da Candelaria da Ilha da Madeira; o qual vindo da Costa de Guiné no anno de 1693 huma rigorosa tempestade o fez varar na Ilha incognita, que deixou escrita Fran^{co} Correya, Mestre do mesmo patacho, e se achou no anno de 1699, depois da sua morte. ... Lx^a Occidental, na Offecina de Bernardo da Costa de Carvalho Impressor da Relligião de Malta, anno de 1734.
3. Anacefaleoses da Monarquia Luzitana pello Doutor Manoel Bocarro Francez, Medico Philosofo, etc., Mathematico Luzitano. Diridigos [sic] ao Snr. della El Rey Nosso Snr. ... 1624 ... em Lisboa, por Antonio Alvarez (PQ9191.B6A7 Rare Bk).
See note about João de Castro in no. 116, above.

118
Castro, João de, 1551?–1623?. Discurso da vida do sempre bem vindo et apparecido Rey Dom Sebastião nosso Snr. O Encuberto desde seu nacim^{to} té o prezente: feyto e deregido por D. João de Castro aos tres estados do Reyno de Portugal, com vem a saber ao da Nobreza, do Clerezia, e ao do Povo. Em Paris, Por Martim Verac, Morador na rua de Judas—M.D.C. II [1602] e com privilegio de El Rey. 165 leaves.   P–32
On spine: D. Joao de Castro. Discurso da vida de D. Sebastiao. MS.
Leather binding with gilt coat of arms [O.P.L.].
The frontispiece is a hand-colored print of King Sebastian and his arms. Lisbon, ca. 1720 (Maggs).
See note concerning João de Castro in no. 116, above.

119
Castro Sarmento, Jacob de, 1691–1762. Article. 4 leaves.   P–517
Apparently, the article was copied from the *Gazeta de Lisboa*, N° 49, December 9, 1756, concerning Castro Sarmento's claim to a franchise to manufacture "Agua de Inglaterra"; his uncle had given him the secret of its true composition.
Contains other notes on medical matters dating to 1789.

120
Catalogo da collecçao de moedas Portuguezas e outras. [63] leaves, several blank.   P–351
On the title page may be found: "Offereço ao ... Dr. Monteiro, Lx^a 4/5/1895: Eduardo Roiz."
On the first page is written: "Esta collecçaõ pertenceu ao ... Dr. Adelino Arthur da Silv^a Tinto."

35

Entry 118. Hand-colored print of King Sebastian and his arms from a 1602 writing on his life by João de Castro.

121

Chancelaria das Ordens. Regimento da Chancellaria das Ordens Militares, e de Chan^{er} Casa, e officiaes. [75] folio leaves.   P−356
   Unbound.
   Contents: 1. Codification of regulations, citing sources and organized in seven titles. 2. Letter, signed Ant° Marquez Gir^{des} de And^e, Lisbon, July 12, 1786. 3. Letter to the queen, with recommendations from Jozé Ricalde Pr^a de Castro and another signatory, Lisbon, June 30, 1787. 4. Regimento [of] Rainha [Maria I].
   Letters dated December 18, 1777, to March 23, 1778, are inserted in the volume and concern the records and papers of the Chancellaria das Ordens Militares and the then extinguished *contadorias*. There is also a fragment of a letter "sobre as duvidas do Guarda Mor e Prov^{or} da Casa da India," Lisbon, March 28, 168[?].

122

Charadas. 22 leaves.   P−430
   Unbound signature.
   Verse and prose.
   The preface is signed: "30 de Abr. de 1832, Sv. da S."

123

Chaves, *commandante de cavallaria*. Report of military investigation. 1 leaf.   P−585
   Examines the conduct of Capitão Francisco de Madureira Lobo Moraes e Prada and Capellão Francisco José Gomes, who were both accused of leaving the front-line posts in a battle of July 23, 1832.
   The report was made to the visconde do Pezo da Regua, 1832, according to notes on the report and its cover.
   A newspaper clipping concerning the battle of Ponte Ferreira is pinned to covering folder.

124

Chronica do emperador Beliandro. 1ª parte em que se dá conta das obras e valerosos feitos de seu Filho o Príncipe Belifloro e do Principe Dom Belindo Filho do muito alto e poderozo Rey de Portugal, e de outros esforçados cavalleiros. Dedicado ao excelentissimo senhor dom Antonio Estevaõ da Costa e Souza. 284 p.   P−152
   On spine: Chronica do Imperador (paper label).
   Leather binding.
   The book is inscribed: "Este Libro he do Marquez de Viza. . . ."
   Dedicated by Manoel de Madureira Lobo to "Dom Antonio Estevaõ da Costa e Souza, Armador Mor de S. Magestade, P. de Peroasu e Gigoaripe no Estado do Brazil, Comendador da Comenda de S. Vicente da Beira, Povoa e Finalhas," June 15, 1692.

B. N. Teensma attributes authorship to Francisco de Portugal in his "Notulas sobre alguns manuscritos da *Crónica do Imperador Beliandro* e da *História da Grecia*," *Boletim Internacional de Bibliografía Luso-Brasileira IV* 1963: 110–14 (Z2715.B695, v. 4).

125

Chronica do nacimento, vida e morte del Rey Dom Sebastião com a origem dos xarifes e coroação do Cardeal Dom Anrriqe, e alteraçoens deste Reino: Capitollo Primeiro, Da p[ro]speridade dos Reinos de Portugal em tēpo del Rei dom Joam o terceiro. [96] leaves.

P–103

On spine: Chronica del Rey D. Sebastião. MS.
Leather binding with gilt coat of arms [O.P.L.].
This is probably a seventeenth-century copy.
Chapter 111 begins on the last leaf but is incomplete.
Unlike most items in this collection that deal with D. Sebastião, the "Chronica do nacimento" is not mystical and purports to be factual.

126

Ciera, Michael Antonius [Miguel António Ciera], *fl. 18th cent.* Oratio Habita in Conymbricensi Gymnasio Idib. April Anni MDCCLXXV [1775]. [23] leaves.

P–297

Paper cover.
This thesis is dedicated in Latin to the marquês de Pombal and to D. José I.
Ciera, an Italian engineer loaned to Portugal as part of the commission that surveyed and established boundaries of Portuguese overseas possessions, was appointed professor of astronomy at the University of Coimbra in 1772 under the Pombaline educational reforms.

127

Coimbra. Universidade. Auto da diligencia feita pelo Ouvidor da Universid^e no Coll^o dos Thomistas em Coimbra; conta q̃ o m^smo Ouvidor deo da Diligencia; e alguns outros papeis, que respeitão aquelle Coll^o [53] folio leaves.

P–405

Unbound.
Some leaves are blank.
Contains a report of finances, royal decrees, and recommendations concerning the university, 1780–91, prepared by or for Dezembargador Thomas Joaquim da Rocha and Luiz Sarmento, prior mor of the college.

128

Coleção de algumas Profecias, Vatecinios, e Pornosticos e alguns cazos Notaveis socedidos A vida e asois de S. Rey D. Sebastião, desimo xexto Rey de Portugal de Saudoza Mem^a , Esprado pellos Portuguezes, e outras Nassois que dezejão o Tempo Feliz do Seu Emperio, Para quietação e Tranquilidade Geral, aumento da Religião Catolica. Copiadas Fielm^e de Papeis antigos em o anno de 1809. 410 p. P–88

On spine: Coleção de Profecias, Vatecinios e Pornosticos MS. 1809.

Leather binding with gilt coat of arms [O.P.L.].

"Declaração de tudo q̃. contem este volume, de Profecias, Vatecinios; Copiadas de alguns papeis antigos," p. 3–4.

Bound with it is: "Profecias de El Rei D. Manoel q̃ se lhe axarão Por sua morte fixadas e seladas com o selo rial no anno de 1521." 2 p. [incomplete?].

129

Collecção Curioza de Revelaçoens, Vizoens, Profecias, e Vatecinios, sobre a vinda d'El Rey D. Sebastião. 32 leaves. P–50

On spine: Revelaçoens, Vizoens, profecias e vatecinios MS.

Leather binding with gilt coat of arms [O.P.L.].

Collection of Sebastianist writings in verse and prose, dated 1502–1770. Some are copies of printed sources; at least one is a translation from Italian.

130

Colleção de Regimentos, Resoluções, Avizos, Alvaras, Provisões, e mais Providencias, que tem sido expedidas pelos Gram-Mestres e Soberanos destes Reynos para regulamento da Ordem Militar de S. Bento d'Aviz e mais Ordens Militares deste Reyno feita por Serafim Manoel de Figd^o e Campos. D^{or} na Faculdade de Canones e Freire conventual da dita Ordem. Lisboa, anno de 1806. 130 leaves. P–175

On spine: Colleção.

Leather spine.

Orders, etc., dated from ca. 1416 to 1813 with many sources cited. Partial description of contents to p. 73 is inserted, along with copies and fragments of orders and letters. One letter is addressed to Snr. Thomas Cabral Soares de Albergaria, Procurador Geral das Ordens Militares, Conego na Sé de Braga, and is from João Pinto de Mend^{ca} Arraz [?], dated June 14, 1829.

Inserted at leaf 49 is a copy of the *Gazeta de Lisboa* of June 13, 1809, with a supplement, discussing the French invasion.

131

Compendio apologetico dos horrozos factos, e abuzos dos falsos Prophetas, e fingidos Apostolos que dicerão ser da Companhia de Jezus; tirados dos seus mesmos historiadores e chronistas: comprovados com authores muito dignos, corroborados com os seus mesmos estatutos, com os seus elogios, e com a sua Monita Secreta, impressa em Londres no anno de 1723, e confirmados por Bullas, Breves, Leys, Apologias, e discursos juridicos, que os fazem totalmente indubitaveis no prudente juizo daq^{les} que inda estão infatuados, ou ao menos duvidozos, por q^e nunca os conhecerão. 16 signatures.   P-219
   Disbound.
   Several pages are missing at beginning of the tenth signature.
   The writing appears to be from the late eighteenth century.

132

Compendio istorico, geografico e politico del Regno de Portogallo Consagrato all Illmo. :& Exc^{mo} Sig^{re} Il Sig: Marino Zane Senator Veneto. Parte Prima. Divisa in. 4. Trattenimenti dall' Origine de sudetto Regno, Sino all' Anno 1666. Del Conte Camillo Badovero ... 1666. 157 p.   P-139
   Leather binding.
   The introduction is dated May 27, 1683.
   The text is in Italian.
   Includes Indice and Somario.

133

Compromisso da Instituhiçam de Vinte Merceeyros no Conv^{to} de Bellem, feyta pella Serenissima Snra. Dona Catherina Raynha de Portugal. 15 leaves.   P-246
   Leather binding.
   Ornate letters in red and black appear on the title page.
   Ordered by Jorge da Costa on February 21, 1578.
   Concerns the support of the *merceeiros,* who were paid to pray for the dead in this convent.

134

Confraria dos Escravos de Nossa Senhora da Conceição Publica forma; copia do compromisso da Real Confraria dos Escravos de Nossa Senhora da Conceição, erecto na Igreja da mesma senhora nesta Villa Viçoza. [4] leaves.   P-348
   Charter and bylaws of a brotherhood.
   The copy was certified by the Tabelião Narcizo Monte Negro and the Tabelião José António da Costa Pires on February 19, 1823.

135

Conselho de Estado. Livro do Registo de Conselho de Estado [cover title]. [75] leaves.   P-275

Parchment binding.

The entries, not entirely in chronological order, date from 1704 to 1718 and concern the appointment of bishops; ministers to other nations; colonial officials for Maranhão, Angola, Minas, Cabo Verde, S. Tomé, etc.; and the inquisitor general.

Headings indicate subject of each entry.

136

Conselho de Guerra. Livro de Registo de Consultas, E Decretos do Conselho de Guerra. 1719 March 21–1742 Dec.ll. 246 leaves.
    P-142

On spine: Papeis do Conselho de Guerra, 1719 a 1740. MSS.

Leather binding with gilt coat of arms of Lord Stuart de Rothesay.

Bound in at the beginning of the volume are five letters and *officios* dated 1574, directed to the bishop of Viseu, and a *breve* from Pope Gregory XIII to King Sebastian (these items bear page numbers 327–41).

A clipping from the sale catalog indicates that the book belonged to Lord Stuart de Rothesay and that his coat of arms appears on cover.

Entries in the registry concern appointments, petitions and grants for leave, reassignments to posts closer to home, the shortening of banishment to India, and requests for special arrangements on salary payments, etc.

137

Convento de Cristo. Official church notice, Lisbon, 1812 May 12. 2 leaves.   P-590

Concerns the disposition of revenues of the Convento de Cristo.

Signed by Manoel Joaquim Ribeiro Freire and Fr. D. Silverio de Alarcão Velasques Sarm^to ,"guarda mor do archivo."

138

Conversação Sebastica entre Hum peregrino e hum Trinitão em huma Jornada. Anno 1850. 100 p.   P-65.

On spine: D. Sebastião, MS.

Leather binding with gilt coat of arms [O.P.L.].

Also contains other Sebastianist writings, including accounts of visions, prophecies, etc.

139

Copia da Senn^{ca} q̃. se publicou na Audiencia da Rellação Patriarcal em o dia 4. de Novbr^o 1786 a favor do Padre Antonio de Saldanha, e outros da Villa da Golgaã [Golegã]. [8] leaves.   P–287
Unbound.
Summarizes a case involving libel and allegations of immoral behavior made against a priest.

140

Copia das profecias q̃. se poderão tirar do livro intitulado—Biografia do Veneravel Servo de Deos Bartholomeu Holgouzer, com huns Commentarios admiraveis, impresso em Bamberg no Tirol, anno 1784. 5 leaves.   P–6
On spine: Profecias. MS.
Leather binding with gilt coat of arms [O.P.L.].
Bound with it is: "Copia dos Breves ou Sentenças de trez Pontifeces contra os Reis de Portugal, e Hespanha Filippes 3° e 4° para que largarẽ o Reino a D Sebastião. Copiado da Prova no. 27 (pag. 53) a Parte 1^a da Deducção chronologica Imprenta em 1768. Cujos traslados se guardão na Torre do Tombo no Armario Jesuitico, no Livro intitulado Jardim Ameno Monarchia Lusitana . . . anno 1635."

141

Coppia de hua Ordem do Illmo & Exmo Snr Deam de Santa Basilica Patriarchal Sendo Ministro da Junta dos Tres Estados e Prefector deste Hosp^{al} Prov^a Passada ao Escrivão Bm^{em} Seguredo Soares em 14 de Julho de 1728. 1 leaf.   P–512
Concerns the regulation of the Hospital of the Castelo de São Jorge, where Seguredo Soares was employed as a scribe. His duties do not appear to have been wholly secretarial.
Enclosed is a printed copy of a royal decree of November 20, 1809, approving the request of the "Marechal dos Meus Reaes Exercitos Guilherme Carr Beresford" for assignment of an additional sergeant to each company to improve discipline in the armed services.

142

Coronica de los R^s de Portug[al] [spine title]. 219 leaves.

Peter Force
Coll. Series 10

On spine: Coronica de los Rey^s de Portug.
Leather binding.
Contents: 1. Breve sumaryo de las coronicas y successión y hechos de los reyes de Portugal [1–95]. In Spanish. 2. Memoria. O registro breve de los lugares donde El Rey y la Reyna Catolicos mis

senores q̃ ayan Gloria estuvieron cada año desde el año de LXVIII hasta q̃ Dios los llevo para si. [96−158]. In Spanish. 3. La Coronyca de Vizcaya . . . copilada por Lope Garcia de Salaçar . . . en . . . mill e quatrociento e Cinquenta e quatro [159−179]. In Spanish. 4. La coronica de don Frances de Çuniga, muy noble y muy deforçado cavallero . . . Predicador y servador del Emperador y Rey mismo Carlos Quinto dirigida a su Magd^e [180−204]. In Spanish. 5. Chronica Gothor[um] [205−19]. In Latin.

Typed contents note has been inserted at the beginning of the work.

Probably the chronicle is written in a sixteenth-century hand.

The flyleaf bears a list: "En esse libro ay las cosas sig^es . . ."

This is possibly part of a larger composite work.

143

Correa, António, *d.* 1693. Tratado da desgraça, na ventura, e da ventura na Desgraça: serve de argumento, Joseph do Egypto desgraçado, quando mais venturoso, e venturoso quando mais desgraçado: Escreveo o P^e M. Fr. Antonio Correa, Da Ordem da Santissima Trindade: D^or pela Universidade de Coimbra, qualificador do Santo Officio, e Lente da Cadeira de Escoto, etc. Ao Excellentissimo Princepe Dom João d A Lancastre, Duque de Magueda, e Najera. Em Lisboa, Por Manoel Henriques, anno, 1677. 369 leaves.   P−123

Unbound.

Leaves 304−10 are missing.

Contains a collection of prose and poetry by several authors. The poetry, in Spanish and Portuguese, includes material by Fr. Gabriel [da Purificação, d. 1704]; P. Diogo Lobo, d. 1691; António Barbosa Bacellar, 1605−1663; Vicente Gusman Soares, 1606−1675; Fr. António das Chagas, 1631−1682; and Jerónimo Baía, d. 1688.

Besides Correa's treatise there is a "Petição do P^e An^to Vieyra 1663."

A fragmentary list of contents appears at the end of the text.

144

Correa, Francisco, *fl. 17th cent.* Relação do successo que teve o pataxo chamado Nossa Snr^a da Candelaria da Ilha da Madeira, o qual vindo da Costa de Guiné no anno de 1693 huma rigurosa tempestade o fez varar na Ilha incognita, que deixou escripta Francisco Correa Mestre do Mesmo Patacho e se achou no anno de 1699 depois de sua morte, trasladada fielmente do proprio original; e foi impreça em Lisboa no d^o anno, com todas as licenças necessarias. Lisboa, na Officina de Bernardo da Costa de Carvalho, Impressor da Religião de Malta. Anno de 1734. . . . Foi copiado no anno de 1772. 122 leaves.
P−101

On spine: Profecias, etc. MS.
Leather with gilt coat of arms [O.P.L.].
The note on the first leaf reads: "He de Bento Xavier de Magal-
haens Correa de Olivr^a"
Correa was reportedly the boatswain of the brigantine.
Of the 122 leaves, only the first 5 constitute the "Relação"; the rest
form a collection of Sebastianist prose and poetry.

145
Correia, Luis Franco. Cancioneiro em que vão obras dos milhores
poetas do meu tempo ainda não empresas e treslasdadas [sic] de
papeis da letra dos mesmos que os composerão comessado na India a
15 de ianeiro de 1557 e acabado em Lx^a em 1589 per luis franco
correa companheiro em o estado da india e muito amigo de luis de
Camões. [19] leaves.   P−360
Notebook.
A note at the end of the text reads: "Este manuscripto tem 297
folhas e em folio pertence a Bibliotheca Nacional de Lisboa, onde
tem o no. 565—Supplemento—Repartição de Manuscriptos."
The "Cancioneiro" was published in Lisbon in 1972 by the Comis-
são Executiva do IV Centenário da Publiçação de Os Lusíadas.

146
Correia de Lacerda, Fernando, bishop, 1628−1685. Catastrofe di
Portogallo nella Depositione Del Re D. Alfonso VI° e Surrogatione
Del Prencipe D. Pietro L'Unico Giustificata nelle publiche calamitá
scritta per giustificatione dei Portoghesi da Leantro Dorea Caceres, e
Faria. In Lisbona a Spese di Michele Manescal Mercante di Libri
nella Strada Nuoua MDCLXIX [1669]. Con tutte le licenze necessarie.
708 p.   P−79
On spine: Catastrofe di Portugallo Manuscritto.
Vellum binding with gilt coat of arms [O.P.L.].
The text is in Italian.
Leandro Dórea Cáceres e Faria is an anagrammatical pseudonym
for Fernando Correia de Lacerda.
The Italian version is a translation of the Portuguese original
published in 1669. Lacerda's Catastrofe, openly hostile toward D.
Alfonso VI, inspired the anonymous Anticatastrofe [q.v.], among
other rejoinders.

147
Coruche. Collegiada de São João Baptista. Papers. 20 items.
                                                                  P−383
Folder contains unbound signatures and loose sheets.
Documents relate to affairs at the school and the relations be-

tween secular and clerical officials of the town and the school, 1791–1826.

Among the documents are several printed *alvarás* and certificates, notes relating to the founding of Coruche with dates as early as 1498, and a papal bull of 1609 annexing the Igreja de Coruche to the Priory of Avis in perpetuity.

148

Costa, Felix da, 1639–1722. Liber unicus. Esdra 4º, cap. 11, 12, e 13. Exposição do xi, xii e xiii capitulos do iv. libro do Propheta Esdras . . . por Felix da Costa, Pintor Theorico, e Pratico. Dedicado ao Augusto varão Rey Encuberto que ha de destruir esta Aguia Othomana, como Leão. Em Lixᵃ an' 1687. 237 leaves.   P–7

On spine: Felix da Costa. Esdras cap. xi, xii, xiii, Liv. iv. Lisboa, 1687. MS.

Leather spine and corners.

Contains a pictorial genealogy of the Ottoman rulers and other symbolic drawings and maps of Turkish realms. Relates biblical prophecies to the Turkish Empire.

149

Costa, Gil Eanes da, *fl.* 1557–1611. Letters written to him as Presidente da Camara de Lisboa, during the years of Spanish rule over Portugal. 26 letters.   P–484

Includes: 1. Letter from the conde do Sabugal, dated July 20, 1597. 2. Two letters addressed to Gil Eanes da Costa do consº del rei sua magᵈᵉ e presidente da Camara de Lisboa, dated September 6, 1599. 3. Twenty-four letters from the king of Spain, some with royal signature, dated 1599–1611, written in Madrid, Valladolid, Lerma, Pardo, and Ventusilla and concerning administrative matters. Requests for information on certain officials, instructions on the punishment of perjurors and highwaymen and on royal property are included in this group of letters, which end with the king's acceptance of da Costa's request to be relieved of his duties.

Gil Eanes da Costa was the Portuguese ambassador to Spain for King John III. He was captured at Alcácer-Quibir, subsequently ransomed, and in 1599 became president of the Senado da Câmara de Lisboa for Philip II.

150

Costa, Guilherme Gomes da, *fl.* 1799. Petition. 4 leaves.   P–549

Contains a complaint to the prince regent by Guilherme Gomes da Costa, who claims his wife arranged to have him thrown into prison, where he had been for ten months as of 1799, and all his belongings confiscated.

151

Costa, Manoel José Maria de. Extracto e juizo das obras que Christiano Martinho Fraehn remetteo de S. Petersburgo à Academia Real das Sciencias de Lisboa. Lisbon, 1821 June 7. 30 p.   P—566
    Unbound.
    Includes a review of the works of Christian Martin Fraehn, 1782—1851, relating to Islamic and Bulgarian numismatics.
    A typescript summary paragraph is inserted in the work.

152

Credo duvidozo (Quanto à gloza) Relativo as bem e mal fundadas esperanças dos prudentes, e imprudentes Sebastianistas: porem dedicado, e oferecido a todas elles sejão prudentes ou imprudentes. Impreço primeiramente na pobrissima e mecanissima Oficina talentual de Manoel Baptista Homem, e Segundariamente pela Oficina da penna neste papel, a custa do seu mesmo autor. Lixboa, a os 8 de Fevereiro do Anno 1815. [15] leaves.   P—45
    On spine: Credo Duvidozo MS. 1815.
    Leather binding with gilt coat of arms [O.P.L.].
    Colored title page.
    The dedication to this poem and short commentary suggests that the author may have been Manoel Baptista [Homem].

153

Cruz e Silva, António Diniz da, 1731—1799. Poesias [spine title]. 146 and 318 p.   P—14
    On spine: Poesias do Dez^{or} Antonio Deniz.
    Leather binding.
    Includes: O Hisope, Poema Heroico Comico; 8 cantos; Odes Pindaricas do Dezembargador Antonio Deniz da Crus e Silva, socio da Arcadia Luzitana e nella denominado Elpino Nonacriense, copiadas da copia que extrahio das originaes do A. Francisco de Assis Blan, por Rodrigo Galvão de Mello Pereira, 1792; Dythirambo, 1 e 2; Epistola de Dr. Manuel de Macedo ao Dez^{or} Ant^{o} Dinis da Crus [e] Silva; and Cartas Chilianas [sic].
    On p. 227: Index das obras poeticas do Dez^{or} Antonio Dinis da Cruz e S^{a}
    Authorship of the *Cartas chilenas* is disputed.
    Cruz e Silva was the principal founder of Arcádia Lusitana, 1757—70.

154

Cunha, Luiz da, 1662—1740. Letters to Secretario de Estado D. Luis da Cunha concerning o Cardeal Acciajuoli. Drafts dated 1760 June 21 and July 18. 2 letters. 3 leaves.   P—510

A note attached to the documents reads: "Expulsão do Nuncio Apostolico Cardeal Acciajuoli, não só do Paço como do Reino; ordenada pelo Marquez de Pombal a 3 de Setembro de 1759. Estes documentos são os borroens originaes, dos remetidos para o Secretario d'Estado D. Luis da Cunha."

Luís da Cunha was a diplomat in the court of King John V.

155

Cunha, Xavier da, 1840–1920. Un soneto de Camões imitado por um poeta castelhano. [26] leaves.   P–464

Signed letter of transmittal, dated May 29, 1889, states that Xavier da Cunha is giving Carvalho Monteiro a unique manuscript in lieu of a rare printed work.

The author disagrees with Theophilo Braga's suggestion that the Spanish sonnet, written in imitation of Camões, could have been written by King Philip III.

With it are letters to Carvalho Monteiro concerning the printing of the "Segunda brochura Camoniana," July 30, 1886, and the English translations of Camões by Canon Pope and Roberto French Duff, March 7, 1895. A letter from Canon Pope and corrected page proofs accompany this letter.

Xavier da Cunha, medical doctor, poet, and bibliographer, is noteworthy in this collection for his interest in Camões.

156

Cunha Brochado, José da, 1651–1733. Cartas e Negociações de Jozé da Cunha Brochado do Concelho del Rey D. João o 5º Sendo Inviado extraordinario na Corte da Gram Bertanha [sic] Despois de haver asistido com o mesmo caracter na Corte de França pellos ultimos annos do Reynado del Rey Dom Pedro o Segundo. Anno de 1710. 186 letters. [285] pages.   P–136

Vellum binding.

The letters treat political affairs: 164 of them are directed to Diogo de Mendonça Corte Real, 11 to Cardeal da Cunha, Inq^{dor} G^{al}, 4 to the conde de Vianna, 1 to the conde da Ribeyra, 4 to the conde de Tarouca, 1 to the marquês da Fronteyra, and 1 to the duque de Cadaval. Additionally, 182 of the letters are numbered in the text and dated June 19, 1710–August 20, 1715, and are followed by a group of "Cartas particulares."

An index to the letters, by topic, precedes the text.

157

Cunha Brochado, José da, 1651–1733. Manuscriptos curiozos do Insigne Jozé da Cunha Brochado. Fielm^{te} copiados dos Originaes Em 1825 e 26. Ca. 150 letters. [294] pages.   P–137

On spine: Manuscrip[to] de Brochado.
Leather spine and corners.
Contents: 1. 137 letters to the conde de Viana, dated September 22, 1705–May 3, 1720, Lisbon. 2. 27 letters "a diversas pessoas." 3. 75 letters to the conde de Viana while Brochado was Portuguese envoy to the court of Paris, dated from July 17, 1695. 4. Miscellaneous letters, petitions, and reports on political and diplomatic affairs, dated 1695–ca. 1725.
At end of text: F.M.D.S.M. Bibliothecario.

158

Cynomachia ou batalha de cães com pobres mendicantes sobre a carne de hum boy, que morreo de magreza, Ou falando a verdade, satyra contra mendicantes vagabundos e ociozos. 39 p.   P–431
  Notebook.
  Nineteenth century.

159

Daux, A[ndré] A [dolphe]. Vocabulario do Comercio. Primeira parte: Cambio; Moedas francezas; producções naturaes e industria da França. Seconde partie: Echange; Monnaies portugaise et bresilienne; Productions, Industrie et Exportations principales du Portugal et du Brésil. 2 vols.; 336 and 379 leaves.   P–150–51
  On spine: A. A. Daux. Vocabulario.
  Leather spine and corners.

160

Decimas q̄ o Castelhano deixou na ponte de Olivença [em] 1645 quando a quebrou. [Ca. 150] leaves.   P–192
  Vellum binding, broken spine.
  Several leaves cut.
  Collection of poetry in several hands.
  The text is in Portuguese, Spanish, and Latin and includes much Restoration (1640) material. Presents compositions by [Francisco] Manuel de Mello, Francisco de Faria, Camões (105 sonnets), and 106 verses of the parody on the first canto of Os Lusíadas, beginning "Borrachas, borrachões. . . ."

161

Declaraçoens das partilhas em cada hum dos seus ramos, conforme o costume e de tudo q̄ᵉ pertence a Massa Beneficiaria. [4] leaves.   P–401
  Dated February 18, 1820, and signed by the secretary of the Collegiada de Coruche, Padre António Lopes da Silva.

162

Dedicatoria a infausta morte de S. M. F. El Rei o Senhor Dr. Pedro V
de Saudozissima memoria ! ! ! 9 leaves.

P-298

Unbound.

Contains pen-and-ink decorations and a portrait of the king.

Eulogy of the young king D. Pedro V "Dedicada e offerecida a o
Illustrissimo e Exc^{mo} Senhor Commendador Francisco Augusto
Mendes Monteiro, Largo do Quintella, no. 70, Lisboa."

King Peter V died on November 11, 1861.

163

Delegazione Apostolica di Civitavecchia. 1 folio leaf.   P-340

This communication from the delegazione to the minister of the
interior at Rome concerns the king of Portugal. It is dated 1856 and
has endorsements on verso.

164

Desbarates do Preto Gapaõ Escravo do Capp^{mor} Balthezar Godinho
de Souza escritos em 1433 . . . achados por sua morte debacho do
traveceiro de sua Cama . . . dos 14 de outubro de 1439. [17] leaves.

P-56

On spine: Preto Gaspar. Desbarates. MS.

Leather binding with gilt coat of arms [O.P.L.].

Consists of a collection of Sebastianist prophecies.

165

Descrição de Pekin Cidade a mais bella d'Azia e a mais pupuloza [sic]
do Universo, acompanhada d'algumas particularidades acerca do
Imperador da China, costumes de mesma cidade, e seus contornos.
15 leaves, folding map.   P-354

Unbound notebook.

Text refers to decrees as late as 1837.

The note on the cover says that this copy was purchased at the sale
of the library of the Adm^{or} da Casa de Bragança, Falcão da Fonseca,
on August 27, 1877, and that it had belonged to the archbishop of
Palma. It may have been based on Notícias collected by Padre Serra,
bishop of Peking. The note also states that this copy was made about
1830 and that although the penmanship is good, there are errors in
transcription.

166

Descrittioni di Portugallo e Stati della Fiandra. Anno 1666. Trattenimenti Istorici, e Geograffici. Sopra il Regno di Portugallo, e de
Stati della Fiandra, con frequenti osservationi sopra i Personaggi qui

riguardeuoli, cosi Antichi, come Moderni. Cauati dall'Accademia
Veneta. [162] leaves.   P–57

On spine: Descrittioni di Portugallo e Stati della Fiandra. MS.
1666.

Leather spine and corners.

Text in Italian.

Divided into two treatises: 1. General description of Portugal
(1–36). 2. Description of Flanders (37–162).

167

Dialigo [sic] o converçação de dois Perigrinos, ou Romeiros. 132 p.
                                                                  P–67

On spine: Dialigo de Dois Perigrinos. MS.

Leather with gilt coat of arms [O.P.L.].

This Sebastianist dialogue is between Jacinto and Narcizo, who
are joined by Rozendo in the second part. The text mentions the
French conquest of Italy (p. 77).

Manuscript dated on last page, December 15, 1806.

168

Dialogo entre M. Pery, e M. Devime em mau Portuguez. 120 leaves.
                                                                  P–95

Unbound.

Sonnets.

This probably was copied in the early nineteenth century.

Several poems concern the Marquês de Pombal.

An index of first lines follows the text.

169

Dialogo Portugues de Anonimo Utopiense que tracta de Filosofia do
incoberto, com a historia do Pastelleiro de Sevilha. Dedicada e offerecida Ao Exmo Sr. Conde de Cantanhede. 154 leaves.   P–48

On spine: Dialogo Portugues. MS.

Leather binding with gilt coat of arms [O.P.L.].

This is the same as no. 170 (P–47), below, but in a different hand.

170

Dialogo Portuguez de Anonimo Utopiense que trata da Filosofia do
Encuberto com a historia do Pasteleyro de Sevilla. Dedicada e offerecida ao Exmo Señor Conde de Cantanhede. ... 163 leaves.
                                                                  P–47

On spine: Dialogo Portuguez. MS.

Leather with gilt coat of arms [O.P.L.].

Ca. 1750 (Maggs).

Gabriel de Espinosa, known as the Pastry Cook of Seville, was one of those who falsely claimed to be King Sebastian. The dialogue is among Aurelio, Claudio, and Leonardo.

171

Dias Cabral, Vicente Jorge. Ensaio economico; Quina Quina do Piauhi. Offerecido ao Illmo e Exmo Senhor D. Diogo de Souza, Governador e Cap^{m} Gn^{al} do Maranhão por Vicente Jorge Dias Cabral, Bacharel em Filosofia, e Direito Civil, Oppositor aos Lugares de Lettras. Anno de 1801. 21 leaves.   P−529
    Unbound.
The quina-quina was a tree, apparently a different species of quina from that found in Peru.

172

Diniz, *king of Portugal*, 1261−1325. Carta do Snr' Rey D. Diniz, porq̃ mandou fazer entrega dos bens rendas e direitos q̃ foraõ da Ordem do Templo a D. Gil Martins primeiro Mestre da Ordem de Christo no anno do Nascim^{to} de Christo de 1319, da era de Cezar de 1357. 1 leaf.   P−569
    Copy.

173

Discurços politicos morais e estoricos sobre a bem fundada esperança da vida, e vinda do muito alto e poderozo Senhor Rey D. Sebastião para fundar em Portugal o Quinto, e universal Imperio. Divididos em sette discurços. 281 p.   P−43
    On spine: Discurcos Politicos MS.
    Leather binding with gilt edges and coat of arms [O.P.L.].
    Ca. 1750 (Maggs).
This outline of the seven discourses describes the author's vision of the future in which Portugal would head the Fifth Universal Empire under D. Sebastião.
The first of the pen-and-ink sketches is allegorical and shows the sun shining on a plane, a cock crowing in a tree, and a lion (symbolic of King Sebastian) prowling and leaping.

174

Discurços Sobre varios artigos interessantes a Portugal, e suas collonias. 123 p.   P−149
    Leather binding with gilt decorations.
This was written after 1799, but apparently before 1808, the year the Portuguese court fled to Brazil.
Contains essays on Portugal's geographic position, its commerce and navigation, plans for a system of canals, the encouragement and improvement of agriculture and manufactures, and the Portuguese

colonies and their military defense. Sections 11−20 and 24 relate specifically to the administration and finance of Brazil; section 18 is about whaling off the Brazilian coast.

Contains a table of contents.

175

Discurso repetido pelo Marquez de Lavradio D. Antonio, Procurador eleito pelos Povos de Torres Vedras na Primeira Conferencia, que o Braço dos Povos celebrou em S. Francisco da Cidade [sobre os direitos insuferiveis que chamaõ ao Throno Portuguez o Senhor D. Miguel]. Na Impressão Regia, 1827. 1 leaf.   P−514

Presents a statement of D. Miguel's consitutional rights of succession to the throne.

With it appears: "Soldados! Amor e Fidelidade ao Soberano. Lisboa: Na Impressão Regia, Anno 1828." The cover note of this printed broadside calls it a "Proclamação . . . aos soldados . . . recommendandolhe a boa ordem e disciplina, respeitarem a Religião e ajudarem a debellarem os faciosos que trabalhão para não ser elevado ao Throno o Senhor D. Miguel."

176

Documentos relativos ao Funeral do Principe de Waldek. 2 items.
                                                                P−294

Contains: 1. Instructions to "Alguns grandes da corte fossem acompanhar o Corpo que se ha de enterrar no dia de manhã." 2. Report on the funeral of the prince of Waldek (illegible handwriting).

177

Dollman, Dr. Inhalt das Criminal Processen von Dr. Dollmann, 1839. [185] leaves.   P−63

On spine: [Cr]iminal [P]rocesse von Dollmann.

Cloth spine.

The notes are in German, with underlined pages and page citations,

178

D. Sebastião [spine title]. [9] leaves.   P−84

On spine: D. Sebastião. MS.

Leather binding with gilt coat of arms [O.P.L.].

Includes prophecies and notes on King Sebastian, covering matters from early times to 1818.

179

D. Sebastião [spine title]. 16 p. numbered 309−324.   P−36

On spine: D. Sebastião. MS.

Leather binding with gilt coat of arms [O.P.L.].
Ca. 1658 (Maggs). Contains numerology applied to King Sebastian.
The manuscript begins: "Se esta soma dos sesenta e seiz. . . ."

180
D. Sebastião [spine title]. 262 leaves plus index.   P–44
   Leather with gilt coat of arms [O.P.L.].
Consists of a collection of poetry and prophecies, some concerning King Sebastian. Besides a majority of anonymous poems, there are sonnets and romances attributed to António Serrão e Crasto and to António Barbosa Bacelar.

181
D. Sebastião [spine title]. Carta na qual se dá a razão sem nenhũa das Prophecias por que se deve ser Sebastianista para ver as difficuldades que punha quem pedio a razão, composta por hum curiozo. 46 leaves.   P–208
   On spine: D. Sebastião. MS.
   Leather with gilt coat of arms [O.P.L.].
   Includes also: 1. Discurso astronomico sobre o estupendo e fatal cometa, ou anuncio pela Divina Provid^a visto a primeyra ves a 6. de Novembro de 1689, ao romper da aurora, neste horizonte de Pernambuco, altura de 8. graos, no signo de Escorpião, autor o P^e Estancel da Comp^a de Iesus. 2. Vaticinio de Uramnia. 3. Carta do D^{or} Bocarro Medico, Mathematico, e Astrologo, a q̃ chamão os Aforismos. 4. Juizo do anno de 1640 tam afamado dos antigos, interpetrado por Rabi Celo. 5. Copia de hũas Prophecias q̃ se acharão em Mayo de 628. 6. Relaçam que certo mathematico formou sobre o juizo e figura q̃ levantou em razam do aparecimento dos gafanhotos, q̃ o anno de 639, aparecerão sobre a Cidade de Lix^a e de 2 Cometas que tambem forão vistos.

182
D. Sebastião [spine title]. Profecias de S. Fr. Gil que servem de sinaes ao tempo em q̃ se espera a reforma do mundo com a vinda do Incuberto. E as refere Fr. Sebastião de Payva na Sua 5ª Monarquia Portugueza e parte dellas o P^e Ant^o Vieyra no Sermão de 8. de Janr^o de 1658 pregado na Capella Real. 65 leaves.   P–209
   On spine: D. Sebastião. MS.
   Leather binding with gilt coat of arms [O.P.L.].
   Includes also: 1. Juizos astronomicos pelo P^e Estancel da Companhia de Jesu Assistente no Brazil [concerning a comet which appeared on May 6, 1684]. 2. Vos de Deos ao Mundo, a Portugal e a Bahia, Iuizo do Cometa que nella foy visto em 27. de outubro de

1695, e continua the hoje 9 de novembro do mesmo ano, pelo P^e Antonio Vieyra. 3. Carta do P^e Antonio Vieyra da Companhia de Iesu, q̃ escreveu a Sr. Rayna da Gran Branha [sic] estando na Bahia ano de 1697. 4. Carta do mesmo P^e Antonio Vieyra ao Conde do Castel Melhor, Bahia, 1694 July 31. 5. Das prodigiozas e maravilhozas virtudes naturaes de muytas Pedras preciozas Tirado do L° Historias Prodigiozas de P^e Bovistau, Claudio Tesierant y Fran^co Beleforest, Francez e traduizido em Castelhano por Andrea Pescioni, an. 1585. . . . 6. Compendio Triunfal da Real Fabrica e Pompa Luzitana que a Nobilissima Cidade de Lisboa erigio a feliz Entrada, e Reaes Despozorios del Rey D. Pedro II. de Portugal com a Seren^a R^a Maria Sofia Isabel Princeza Palatina, anno 1687.

183

D. Sebastião [spine title]. Protestação do Autor. . . . 157 leaves.

On spine: D. Sebastião. MS.   P—23
Leather binding with gilt coat of arms [O.P.L.].
Presents Sebastianist arguments, probably early nineteenth century, with marginalia.

184

Dulac, António Maximino, 1768–1850. Vozes dos leaes Portuguezes ou Fiel Echo das suas acclamações e louvores aos pés do Throno do seu Augustissimo, e Piedosissimo Soberano pelos Lenitivos já applicados aos seus males: E das suas ancias e gemidos pelos que ainda sentem, com respeitoza exposição, e humilde supplica dos meios de remedia-los. Joanni VI° undique Prospicienti. Frontisp° da Praça do Commercia da Bahia. [780] pages.   P—236
Cover missing.
Contains a treatise on the economic and political conditions of Brazil and its place within the Portuguese Empire.
[P. 6] of text; Ant° Maximino Dulac.
On the last page may be read: "A 4 de julho de 1820 o acabou de por em limpo D. Marianna Clara de Valladares Souto Maior"; apparently transcribed from the original by the author's wife [?] who began the copying in April 1818 (see Preface).
This is a copy for the printer. The work, published in 1820 at the Imprensa Nacional, was praised by Inocêncio for the factual information it contains (1:206).

Duriense, Josino, *pseud. See* Ferreira Borges, José, 1786–1838.

185
Early printing. 8 items.   P–513
    Facsimiles.
    Contains: 1. Three sixteenth-century title pages. 2. Signed
statement of the marquês de Pombal. 3. Insignia of Joachim Heller.
4. *Pragmatica sobre la impression y libros* . . . Valladolid, 1558. 5. Two
leaves of early manuscript facsimiles.
    Part or all of the facsimiles may have been printed at the Por-
tuguese Imprensa Nacional.

186
Elvas. 1 leaf.   P–541
    Parchment.
    Instrument of quitrent for a vineyard at Elvas, dated September
30, 1438.
    Endorsed.

Elysio, Filinto, *pseud. See* Nascimento, Francisco Manoel do,
1734–1819.

187
Epistolas de huma menina innocente a sua amiga, com respostas. 15
leaves.   P–435
    Unbound signature.
    The four erotic letters were written by Olinda and Alzira.

188
Ericeira, Luis de Menezes, *conde da,* 1632–1690. Cento e quatro
cartas originaes para o Conde da Ericeira, General e Sargento Mor
da Batalha nas Guerras do Alemtejo com os Hispanhoes e para otros
Generaes e Ministros do Estado, com mais nove documentos do
Papa Innocencio XIII e outros, para o Conde de Ericeira. Somão 113
documentos [Statement on original flyleaf]. Ca. 1679–1706. 113
items.   P–325–35
    Letters bound into 11 signatures and kept in parchment cover.
    Contains: 1. Five letters from João de Gouvea de Rochas (1679).
2. Nine letters from Alexandre da Costa Guedes (1680). 3. Thir-
teen letters from João de Fonseca de Magalhães (1681–85).
4. Twenty-five letters from Luís de Faria Leitão, Juiz de Fora de
Tomar (1681–86). 5. Eight letters from João Lopes Raposo
(1682–83). 6. Miscellaneous documents (1682–87). 7. Five letters
from Francisco de Brito Nunes, administrator of textile factories
(1683–86). 8. Nineteen letters from Pedro da Costa Lima, feitor no
Porto (1683–87). 9. Eleven letters from Francisco Manoel Migueis
do Rio (1683–88). 10. Two petitions from Fernão Nunes Barreto,

Entry 186. Instrument of quitrent, on parchment, for a vineyard at Elvas, Portugal, dated September 30, 1438. It is the earliest manuscript in the collection.

56

administrator of the Mint (1686). 11. Four letters of Cardinal Miguel Angelo Conti [later Pope Innocent XIII] and two briefs from Pope Innocent XIII to the conde de Ericeira (1706–7). These last four documents were apparently sent to the latter's son, Luís de Meneses, the fifth count of Ericeira, because they are dated *after* the death of Luís de Meneses, fourth count of Ericeira.

The letters concern the recruitment of sailors and provision of ships for India, the manufacture of bullets, the encouragement of the silk and woolen industries, and the planting of almond trees.

189
Erros emmendados dos Senhores Sebastianistas & Breve Tratado sobre a Vinda de ElRey D. Sebastiam Regulada Naõ pelo tempo, que elles a apontaõ, e sempre faltaõ, senao pelo em q̃ aponta a Escriptura Sagrada. A Ruina do Imperio Othomano. 30 leaves.   P–66
On spine: Erros emmendados. MS.
Leather binding with gilt coat of arms [O.P.L.].
Contains also: 1. Breve Relaçaõ, que me obriga a fazer a obediencia de meus Confessores em q̃ declare aquillo q̃ com toda a verdade sey da muyto R^da Me Leocadia da Conceyçam, Religioza do m^to recoleto convento de Monchique da Cid^e do Porto (leaves 18–29, 14 visions). 2. Prophecia de S. Malachias.

190
Espírito Santo, José do, *frei*, 1608–1674. Extracto do P. Fr. Ioseph do Esp^to St^o Carmelita Descalço. 12 leaves.   P–100
On spine: P. Fr Joseph do Espt. Sto. Extracto. MS.
Leather binding with gilt coat of arms [O.P.L.].
Ca. 1650–1680 (Maggs).
Presents a collection of extracts and essays on D. Sebastião, the creation of the world, the passing nature of the beauty of a rose, a field of flowers at sunrise, the Flood, the day of Final Judgment, the torment of Jonas, the Phoenix, the Sea, and the Sun.

191
Esquilache Mutiny, 1766. Letter, Madrid, 1766 March 26. 2 leaves.
drid, 1766 March 26. 2 leaves.   P–511
Concerns an uprising of the people against Esquilaxe [sic] when they were ordered to wear "la capa corta y el sombrero de tres picos" instead of "la capa longa y el sombrero redondo." The short cape made it more difficult to conceal weapons.

192

Esta ouve S. A. Pᵃ bem que se fizesse. 3 leaves.   P−553

Contains three pages of sixteenth-century writing from a book of letters or notes, and seven entries.

One item is addressed to "Muyto Alto Iffante Dom Luys meu Irmaõ."

Another item begins: "Pera el rey de franca pera ver esta foy. . . ."

The leaves are numbered 106 and 107 (113 and 114 are crossed out).

193

Estudo dos Mostos de 1877 conforme as instrucções recebidas da 6ᵃ secção dos trabalhos preparatorios para a exposição de Paris de 1878. 18 sheets.   P−579

Tabulates information showing owner, variety of grapes, sugar content, and comments of judges on the wines of Portugal. Includes reports on the wine *conselhos* of Evora, Redondo, Estremoz, Portel, Viana do Alentejo, Borba, and Mora.

194

Exemplar Politico de Pedro Vnico do Nome, Rey 8° De Portugual [sic]. [24] leaves.   P−70

Leather binding with gilt spine.

Illustrated title page.

The dedication is directed to the marquês de Távora and is signed by Eustáquio Pereyra.

The work is divded into two parts: 1. Contem de Seu Nascimento athe seu Reyno. 2. Contem de seu governo athe sua Morte.

"Informações ao Leytor" state the author's intention to restore the honor and reputation of the king.

195

Felipe III, *king of Spain and Portugal,* 1598−1621. Letters and instructions to Dezembargador Inácio Colaço de Brito on domestic issues. 8 items.   P−490

Several items are dated 1617; others are undated.

Extracted from previously bound material, some of the letters are official copies, others appear to be originals. One letter instructs I. C. de Brito to go to Santarém to stop local citizens from cutting down cork trees because lumber for the royal fleets was in short supply.

196

Felipe IV, *king of Spain and Portugal,* 1605−1665. Cartas de Sua Magestade Em declaraçam das meas annatas. Impressas em Lisboa

Por Antonio Alvarez, anno de 1632. [22] leaves.   P−533
   Unbound.
   Contains holograph copies of seventeen letters and alvarás, dated
1629−32.
   The colophon at the end of the text reads: "Foy publicado na
Chancellaria Mor o Alvará del Rey Nosso Senhor atras escrito por
mi, Miguel Maldonado escrivaõ da ditta chancelaria, perante os of-
ficiaes della e de outra mtª gente que vinha requerer seu dispº em
Lisboa a sete dias do mes de Fevrº del 1632 annos. Miguel Mal-
donado."

   197
Ferraz de Campo, Joaquim Severim, 1760−1813. Sonetos extrahidos das Rimas de Joaquim Severino Ferras de Campos, impressas em Lisboa, na Officina de Simaõ Thaddeo Ferreira, em 1794. 4
sonnets. 3 leaves.   P−428
   Notes accompany the sonnets.
   Ferraz de Campo belonged to the Nova-Arcádia circle of writers.

   198
Ferreira Borges, José, 1786−1838. Poem to João VI. [4] leaves.
                                                         P−552
   On top of first page: Ode a D. J. 6.
   Written under his pseudonym, Josiano Duriense.

   199
Ferreira Maranhense, Ignácio José. Canção, saudades e flores lan-
çadas na Sepultura do innocente Carlos Filho do Nobre Illmº Snr
Luiz Antº Alves de Carvalho, Morro do Castello, no. 22, Rio de
Janeiro, 1855 Dec. 16. 1 leaf.   P−290
   Signed: Ignacio José Ferreira Maranhense.
   Elegiac verse.

   200
Fialho de Almeida, José Valentim, 1857−1911. Poetry. 30 sheets.
Poetry. 30 sheets.   P−444
   Unbound.
   "Versos ... feitos e escriptos pela sua propria letra em 1872,
quando tinha 15 annos, no Collegio Europeu, onde era alumno
interno. ... Foram-me dados por elle quando, annos depois de
feitos pretendia raspal-os. [signed] Arthur Miguens."

201

Fonseca, António Joseph de. Livro das Lições de arithmetica dictadas na Aula do Commercio, no anno de 1767. 335 p.   P–227
  Cover missing.
  The clearly copied text includes problems, tables, weights, and measures. The last sentence is incomplete.

202

Formulario de todo o ceremonial e etiqueta que se deve practicar dentro da Varanda, no Acto da Acclamação. 7 leaves.   P–502
  Ends with a note on the acclamation of D. João VI, which took place on February 6, 1818.

203

Franco, Manoel Lopes. Vida do Principe dos Poetas Luis de Camões. 172? [49] leaves.   P–370
  Unbound.
  Two cantos.
  For reference to this poem, see Diogo Barbosa Machado, *Bibliotheca lusitana historica, critica, e cronologica,* 4 vols. (Lisboa, 1741–59), III:292–93.

204

Freire, Manuel Luiz. Festas Bacchanaes, Conversão do primeiro Canto dos Lusiadas do Grande Luiz de Camões vertidos do humano em o de-vinho par uns caprichiosos. Auctores: S. O Dr. Manuel de Valle, Bartholomeu Varella, Luiz Mendes de Vasconcellos, O Licenciado Manual Luiz, no anno de 1589. 6 leaves.   P–526
  Includes a copy of the title page and a portion of the opening notes on authorship. The complete work was published in Lisbon in 1880.

205

French-German phrasebook. 308 p.   P–93
  Leather spine.
  Notebook.

206

Fundação do Mosteiro de Nossa Senhora da Pena. Extrahida da Chronica Manuscrita do P. Me Dor Fr Manuel Baptista de Castro Monge do R. Mosteiro de Bellem por Fr. Adriano Casimiro de Sta Paula Pera e Oliveira, Monge do S. Jeronymo professo no Mosteiro de S. Marcos. Bellem, 8 de Outubro de 1832. 26 p.   P–185
  On spine: Oliveira. Mosteiro da Pena. Bellem. 1832.
  Leather spine and gilt decorations.

The last page ends with an incomplete sentence.
The Pena Monastery was founded in the sixteenth century.

207
Genealogy. 5 vols., 319, 432, 298, 408, 404 leaves.   P—231—35
Vellum bindings.
Contents: [P—231] Aguiares de Damião de Aguiar—Carvalho de
Coimbra [v.] 4. [P—232] Arnaus—Costas Assouguias [v.] 3. [P—233]
Dias Menezes—Saas varios [v.] 5. [P—234] Mellos—Peixotos [v.] 1.
[P—235] Pereiras—Azambujas [v.] 2.

208
Gomes, João, *padre.* Letter to Sra. D. Joaquina da Cunha e Almeida,
asking for payment of the *dois terços,* as chaplain. 1 leaf.   P—350
Eighteenth century.
Enclosed in a page from José de Santo António's *Flos Sanctorum
augustiniano* . . . [1721—26].

209
Gomes, João Baptista, *ca.* 1775—1803. Castro; tragedia composta
por João Baptista Gomes Junior do Porto. Lisboa. 101 p.   P—456
Cardboard covers.
With this play, first published in 1803, Gomes introduces the Inês
de Castro theme to romantic literature in Portugal. The play is nota-
ble for the scene of the posthumous coronation.

210
Gomes, João Baptista, *ca.* 1775—1803. Nova Castro. [68] leaves in 10
notebooks.   P—454
The notebooks contain texts of the parts of the characters D.
Nuno, Camarista do Rei; D. Pedro; Pacheco, Conselheiro; D. San-
cho, Mestre do Principe; Coelho, Conselheiro; D. Affonço, the king;
D. Ignez; and Elvira. With it: Monologo para se recitar no fim da
Excellente Tragedia a Nova Castro. Escrita pelo insigne, e nunca
assaz louvado Poeta, João Baptista Gomes Junior seu Author. Anno
de 1830; and Modo de meter em scena a Tragedia do Castro,
Antigo.
Most of the notebooks bear the notations "Vestuario antiga Por-
tuguesa, de Capa e Espada" and "Pede-se a restituição deste papel."

211
Gomes, João Baptista, *ca.* 1775—1803. Nova Castro, Tragedia de
João Baptista Gomes Junior. Quinta edição, correcta de muitos er-

61

ros, e augmentada com a brilhante scena da coronação por José Joaquim Bordalo. Lisboa, 1826. 316 p.   P—455
   Paper cover.
   An engraving is inserted as the frontispiece.
   On the last page may be read: "Foi esta tragedia escripta em 1839 por Emilia Almeida."

212

Gonta Colaço, Branca de, 1880—   . Poetas d'Hontem (Conferencia realisada na Sede da Liga Naval, na tarde de 22 de maio de 1914). 45 leaves and p. 2—14 of an alphabetical list of poets, giving some information about them.   P—429
   This manuscript was dedicated "Ao Illmo e Exmo. Snr. Dr. Carvalho Monteiro, que tão amavelmente se quiz incumbir da edição d'esta pequena obra. . . ."
   Published in 1915.

213

Gonzaga Pereira, Luiz, 1796—1868. Two notebooks. 443 p., several paginations.   P—133—34
   On spine: Luiz Gonzaga Pereira.
   Notebooks contain: 1. ˙Memorias comunicadas ao Pintor Cirilo Volkemar Machado pelo Argt° Honorado Jose Correa em 1820 para juntar a sua obra artistica. Escriptos por L. G. P., seo Discipulo e Admirador. 2. Memorias dos gravadores de cunhos e medalhas da Casa da Moeda de Lisboa desde 1720, com o pequeno resumo das suas Obras e Serviços feitos a sua nação por Luiz Gonzaga Pereira, abridor da mesma casa, Lisboa, anno de 1839. 3. Epocas em que floreceu o Insigne Pintor Vieira Lusitano Recopilado por L. Gonzaga P., Lisboa, anno de 1821. 4. Epocas em que floreceu o architecto honorado Jose Corrª Macedo Sá . . . pelo seu discipulo Luiz Gonzaga Pereira, Lisboa, Na Casa da Moeda em 1842. 5. Ministerios da Coroa del Rey de Portugal no Seculo 19° . . . Lisboa, anno de 1841. 6. Catalogo dos ministros secretarios d' Estado que tem havido em Portugal, desde 28 de Junho de 1760 em que El Rey D. João 5° creou o Secretario d'Estado em logar de dous que então havia. 7. Coleção de memorias relativas aos gravadores de cunhos e medalhas nacionaes e estrangeiros ao Serviço da Casa da Moeda desde o seculo decimo sesto. . . . Recopilado por Luiz Gonzaga Pereira, Gravador da Mesma Casa, Lisboa, 1842. 8. Memoria dos chefes que tem dominado a Casa da Moeda de Lisboa desde 1619. [Includes also nine other notes concerning the Mint.].

214
Gray, Thomas, 1716–1771. Elegy. O Cimeterio d'Aldeia. [8] leaves.
P–434
Translation of Grey's "Elegy," apparently taken from *O Instituto, Jornal scientifico e litterario,* June 15, 1853, no. 6, 70–71.
With it: 1. Meditações do Doutor James Harvey sobre as sepulturas e sobre varios objectos, compostas na lingua ingleza e traduzidas em vulgar por José Freire da Ponta. 3ª impressão. Lisbon, 1805. 2. Note on Gray, in the original French, from Chateaubriand's *Essai sur la litterature Anglaise.* Brussels, 1835.

215
Greek study exercises. [47] leaves.
P–532
Miscellaneous notes and exercises, with some sheets in facsimile.

216
Gúerin-Méneville, Felix Eduard, 1789–1874. Letter from J. W. Sturm, Nuremberg, 1849 March 24, concerning the death of his father, Jacob Sturm. [2] leaves.
P–474
With the letter is a covering notice from the Natural History Society of Nuremberg which originally accompanied a brochure prepared in memory of Dr. Sturm, the society's founder.

217
Guevara, Ignacio de. Monarchia Luzitana de Ignacio de Guevara. [37] leaves.
P–35
On spine: Monarchia Lusitana. MS.
Leather binding with gilt coat of arms and decoration [O.P.L.].
Ca. 1750 (Maggs).
Presents an apologetic poem in sixteen short cantos [and not twelve, as Inocêncio indicates] about the life and future of King Sebastian.
The manuscript begins: "Ao maior monarca soberano/ Escolhido Varão, por justo, e digno."

218
Gusmão, Alexandre de, 1695–1753. Obras politicas de Alexandre de Gusmão, Secretario de Estado do Senhor Rey Dom Joaõ Quinto, Nosso Senhor de glorioza memoria. [264] leaves.
P–228
On spine: Manuscripto de D. A. de Gusmaõ. Obras Politicas.
Leather spine and corners.
Contents: 1. Thirty-two letters to church and government officials, 1742–89. 2. Calculo sobre a perda de Dinheiro do Reyno; offerecido ao Senhor Rey Dom Joaõ 5º 3. Reparos sobre a dispozição de Ley de trez de Dezembro de mil sete centos e sincoenta, a

Respeito do novo methodo da Cobrança do Quinto, abolindo o da capitação escriptos para ver o Fidelissimo Senhor Rey D. José Primeiro . . . December 18, 1750. 4. Consulta em que satisfaz o Conselho Ultramarino ao que sua Magestade ordena, sobre o Regimento das Fundiçoens das Minas, com o Plano do mesmo Regimento, September 20, 1751. 5. Consulta do mesmo Conselho Ultramarino sobre a Rezolução da antecedente, March 9, 1751. 6. Avizo da Secretaria do Estado, que baixou com esta consulta, March 21, 1751. 7. Resposta que deu o Author, Secretario do Conselho do Ultramar [statement on the Tratado de Limites da America, between Portugal and Spain], September 1751.

219
[Heloise and Abelard.] [11] leaves.   P—432
    Portuguese version, much abridged, with some textual corrections.
    Dated: 3. feira, 3 de maio de 1864.
    A final note compares the number of lines [640] of the 1835 translation with that [490] of the present translation, recognizing an abridgment.

220
Historia da Grecia [spine title]. Segunda parte da Historia da Grecia. naq^l se da conta dos valerozos feytos do Principe Belifloro, e de D. Belindo Principe de Portugal, e de outros que concorrerão naquelles tempos. 2 books in 1 v.; 129–160 leaves.   P—58
    Tomo II.
    Leather binding with gilt and red decoration.
    This second part was copied in the late eighteenth century.

221
Historia da Grecia [spine title]. Terceira parte da chronica do Emperador Beliandro de Grecia e dos heroicos procedimentos de todos os Principes q̃ na sua corte se criarão. 223 leaves.   P—59
    On spine: Historia da Grecia. Tomo III.
    Leather binding with gilt and red decoration.
    This third part was copied in the late eighteenth century.

222
Historia do Direito de Portugal desde o seu principio até o governo de El Rey D. Joseph o 1º incluzive. [101] leaves.   P—62
    On spine: Historia do Direito de Portugal. MS.
    Leather spine and corners.
    The manuscript begins: "Periodo 1º Ate a entrada dos romanos em Espanha. Os principios dos Luzitanos. . . ."

223
History of modern poetry in Portugal [spine title]. 33, 18, 45, 24, 19,
104 leaves.   P–16
    Leather spine and corners, each section paged separately.
    Contents: 1. Critique on the celebrated tragedy of the Cid. Trans-
lation from the original Portuguese of the marquês de Valença,
Lisbon, 1739. 2. A note on the plays of Antonio Prestes. 3. Letter
on the history of modern poetry in Portugal: Historia da poesia
moderna em Portugal; carta a J. M. Nogueira Lima sobre a
Grinalda, by Theophilo Braga, Porto, 1869. 4. The taking of Santarem, by J. Aboim. 5. Donna Francisca, the prodigy of charity,
admitted truths, suppositions . . . collected by D. Francisco de
Cutanda with a prologue by Don Manuel Caniste, Madrid, 1869.
6. Diogo Tinoco, or the court of Don John the second in 1484.
Historical drama in 3 acts.
    This book is written in the same hand as items no 51, 53, and 267
(P–60–61, P–104, and P–52).

224
[History of pharmacy and medicine]. Approx. 200 leaves.   P–481
    Notebooks and miscellaneous sheets of notes.
    Included are copies of royal decrees and orders concerning the
founding of the University of Coimbra, the licensing and training of
doctors, the use of minerals and herbs and other pharmaceutical
items, many giving citations of documents from the royal chanceries
from the fifteenth to eighteenth centuries.
    With these notes is a copy of "Leys e Provisões que el Rei Dom
Sebastião nosso Senhor fez depois que começou a governar,"
Impressas em Lisboa por Francisco Correa em 1570. It gives the
regulations on the culture and importation of pepper, drugs, and
other goods from India.

225
[History of Portugal]. Eɱe, et Rɱe Princeps. Antequam Juris-
prudentie opera navarem, Liberalibus facultatibus. . . . [59] leaves.
                                                              P–200
    Leather binding with gilt decoration on the spine and covers, with
an ecclesiastical coat of arms.
    The frontispiece is an engraving with the legend: " Franciscus de
Solis Folch de Cardona, Archiepiscopus Hispalensis Salmanticensis,
S. R. E. Presbyter Cardinalis . . . 5, Aprilis 1756."
    Presents a history of the Iberian Peninsula from the Flood to the
eleventh century, followed by synopses of Portuguese kings from
Afonso Henriques to João V. The Latin text is followed by a large

genealogical tree in pen and ink, tracing the Hispanic lineage from Tubal to the eighteenth century.

The preface is signed by Fabrinus Evangelista.

226

Hufnagel, Herrn. Tabellen über die Sommervögel der Legend um Berlin. lxx [70] leaves.   P–262

The notebook bears the bookseller's seal from Berlin.

Noted in red ink is the following: "Acheté sous le n° 1379 du Catalogue de la bibliotheque de d. OHen. Zürich, 1892."

227

Hugo, Victor Marie, *comte,* 1802–1885. Victor Hugo a Camoes. Terceiro centenario, 1880 June 2. Printed sheet, 4 copies.   P–376

This facsimile, with Portuguese translation, concerns Hugo's homage to Camões and the Portuguese nation.

With it: 1. Letter from the librarian of the Biblioteca Publica e Municipal de Porto enclosing requested copies of English and Italian verses on Camões. May 31, 1883. 3 leaves, in notebook. 2. Ullersperger, Dr. J. B., of Munich. Garcia da Orta o medico e Luiz de Camões o poeta. Um fragmento notavel da Historia da Medicina elaborado pelo Dr. . . . Translated in Lisbon, 1875. 3 p. 3. Copies of the *licenças* given by Dom Sebastião to publish *Os Lusíadas.* 4. A letter from J. M. d'Almeida Outeiro promoting the tricentennial observance of Camões' death, held in the Crystal Palace. 5. An excerpt from *Samlede Digte* (Schack Staffeldts, Copenhagen, 1843), p. 269–87. 6. Braga, Theophilo. Camões, a obra lyrica e epica. Porto, Chardon, 1911 (anno 1 da Republica). Fragments of draft and rough copy. At head of title: Historia da litteratura portuguesa. 7. Barreira, D. Nathercia de Camões, Soneto 19. Notas sobre polemica jornalista entre o Dr. Landelius Baptista e Carlos D. Fernandes. Belem, do Pará, 1904[?].

228

In diverse audienze lio proposto alla S^{ba} V'ra le ragioni di giustitia publica, e catholica convenienza, quali concorrouo per ripellere l'ingiusta pretensione, che biene il Duca di Braganza. . . . 27 leaves.
                                                                   P–567

Unbound.

Argues against the papal recognition of an ambassador from the duke of Braganza, ca. 1641.

229

In Nomine Sctae et Ind. . . . 1612. . . . 108 leaves.   P–169

Leather spine.

The Latin introduction is followed by a section in Italian entitled "In Primis De Regulla," followed by more Latin text with Italian marginalia.

The book is divided into the following chapters: 1. De receptione Frṽm. 2. De Eclesia. 3. De Hospitalitate. 4. De Comvni Aerario. 5. De Capitvlo. 6. De Concilio. 7. De Magistro. 8. De Baiuliuis. 9. De Prioribus. 10. De Officio Fratrum. 11. De Electionibus. 12. De Commendis. 13. De Visitationibus. 14. De contractibˢ 15. De locationibus. 16. De Prohibitionibus et Poenis. 17. De Albergys. 18. De Triremibus.

230
Indes das ordens regias. Ca. 270 leaves.   P–172
  On spine: Index das ordens regias da rellação.
  Leather binding with gilt decoration.
  This manuscript is probably from the eighteenth century.
  This dictionary of laws and regulations cites such sources as: Liv. Dour., Liv. do Reg., Liv. Verd., Livro de Assentos.
  The marginalia are written in another hand.
  The manuscript begins: "Acção nova. . . ."

231
Index Chronologico dos Diplomas a margem indicados desde 1603. 25 leaves.   P–418
  Consists of three sewn signatures.
  Includes a list of charters up to ca. 1640.

232
Index dos titulos que mostrão o merecimento do Serviço feito a S. Mgᵉ porque se Requerem Mercez. [67] leaves.   P–218
  Leather binding.
  Lists titles and decrees concerning the salaries, rights, and privileges of those who served the king. Several *ordenanças* covering the colonies are included. The punishment of "pessoas sem passaportes" in Brazil is discussed in a royal letter of 1720.
  Most of the entries are dated earlier than 1750.
  Inserted and written in another hand are several nineteenth-century decrees and other papers, one of which shows salaries paid to members of the armed forces and to court officials.

233
India and Bengal. 7 leaves.   P–575
  Sewn signature.
  Report on the state of Portuguese affairs in India and Bengal, prepared at the request of the secretario da Real Junta de Commercio, Lisbon, June 18, 1802.

234

Informação e Parecer que S. A. R. O Principe Nosso Senhor me mandou dar sobre o requerimento que fez o D^{or} Miguel Franzini, para não pagar os tres quartos da Comenda em que está provido. 1788 Aug. 13, Pascoal José de Mello. [78] leaves.   P−113
  On spine: [I]nform[ação] [s]obre [o]s tres [qu]art[os].
  Leather spine and corners.
  Bound with it: 1. Mandou S. A. ouvir tãobem o Dez^{or} Fran^{co} X^{er} de S^{a} e Moura, que fes os dois papeis seguintes. Lisbon, August 19 and October 2, 1786. 2. Dissertação . . . que para Eu a fazer mandou mostrar-me os pareceres dos Referidos Ministros, a cujos argumentos respondo, [signed] José de Nascimento Pereira de S^{a} e Menezes.
  Discusses the rights of the crown and of the military orders to collect the *quartos* or dues.

235

Inquisition. Os seguintes notaveis forão achados em Valença na inquizição por hũ inquizidor o qual as deu a tresladar aos frades de S. Fr^{co} donde as troixe frei boa ventura valencia no frade desta Provincia da Arabida que veyo p^{a} ella no principio da ditta Provincia. E dizendo dos pm^{ros} notaveis que senão tresladão aqui por serem ja compridos e começo na prizão del Rej Fr^{co} de França de como Carlos avia de ser emPerador da scisma de Ingalaterra do Cardeal que aconçelhou a Anrrique dos Sacerdotes como avião de ser perseguidos em tanto que nenhũ ouzasse andar en tonçura nẽ celebrar em publico. E outras cousas semelhantes diz no nono notavel digo. Comesaõ os notaveis desta man^{ra} 1 leaf.   P−572
  A note is included: "O padre que tresladou isto he morto ha nove annos o ultimo de 8ro de 637."
  Several items are of Latin and Spanish verse.

236

Inquisition manuscripts and pamphlets. Lista das pessoas q. sahiram no auto particular na Salla do Santo Officio. 22 items.   P−311−15
  Titles vary; names, ages, and sentences are given in most cases.
  Dates and places of items follow: 1. July 1, 1744, and October 1747. 2. May 12, 1747, Evora. 3. August 27, 1758, Lisbon. 4. February 20, 1761, Lisbon. 5. August 26, 1781, Coimbra. 6. Lista das pessoas que sairam, condenaçoes que tiveram, & sentenças que se leram em o Auto publico da Fee que se celebrou em o Patio de S. Miguel da Cidade de Coimbra, em Domingo 17 de Outubro de 1694 sendo Inquisidor General o illustrissimo Senhor Bispo D. Frey Joseph de Lencastro do Conselho de sua Magestade. 7. May 6, 1725, Lisbon. 8. October 13, 1726, Lisbon. 9. May 25, 1727, Coimbra. 10. July 6, 1732, Lisbon. 11. September 20, 1733, Lisbon.

12. June 18, 1741. 13. November 4, 1742, Lisbon. 14. September 26, 1745, Lisbon. 15. October 16, 1746, Lisbon. 16. October 20, 1748, Lisbon. 17. November 16, 1749, Lisbon. 18. November 8, 1750, Lisbon. 19. August 22, 1751, Coimbra. 20. September 24, 1752, Lisbon. 21. May 19, 1754, Lisbon. 22. July 27, 1755, Coimbra.

Some of the criminals were "relaxada em carne," or turned over to the secular authority. Among the crimes cited are Judaism, unchaste morals, bigamy, improper behavior during confession, witchcraft, and freemasonry.

Items 1−5 are manuscript; the remainder are printed.

237

Inscripções achadas em Cintra Na Ingreja de S. Miguel. . . . como o transcreve F. Bernardo do Brito [1569−1617] 4 leaves.   P−140

On spine: Inscripções em Cintra.

Leather spine and corners with gilt decorations.

Contains transcriptions and interpretations of grave stones, purported to be of Roman origin; some doubt is cast on their authenticity.

Six inscriptions are discussed.

238

Instruction für Zündhutchen Fabrication. 2 notebooks, 20 leaves and 30 p.   P−308−09

Consists of a manual and diagrams for the manufacture of cutlery.

239

Instruttione all. ex^{mo} & r^{mo} sig^r Cardinale Ginetti legato in Germania per la pax fatta l'anno 1635. [56] leaves.   P−247

Disbound.

Presents instructions to the Cardinal in Italian. France, Flanders, Parma, Bohemia, Sweden, and Bavaria are among the states mentioned. Reference is made to Pope Clement and Pope Urban VIII.

The table of contents, without page citations, is on the title page.

240

Izabel X^{er} L[?]esse (Morta no Patibulo) falando com seu espozo e este respondendolhe em 30 de Março de 1772. Romance eroico. [6] leaves.   P−565

Unbound.

Scribbled in corner: Fran^{co} Per Lobo.

241

João I, *king of Portugal,* 1357–1433. Memorias d. D. João 1º Tom. 4⁰, pag. 205. Escriptura feita em 15 de 9^{bro} de 1471. Cruzado valia 325 Rs. Henriques velhos a 400 r^s Dobras da banda a 300 rs. (Estas dobras parece serem o mesmo que as de D. Branca, Sevilhanas, ou Cruzadas.) [10] leaves.　　　　　　　　　　　　　　　P–261
　On cover: Rezervados.
　Notebook.
　Includes notes on relative equivalencies of Portuguese currency ca. 1100–1500.

242

João V, *king of Portugal,* 1689–1750. Letter to the Abade Geral da Ordem de S. Bernardo announcing the arrival of his betrothed, Maria Ana. Lisbon, 1708 Oct. 26. [1] leaf.　　　　　　　P–488
　Original.

243

João V, *king of Portugal,* 1689–1750. Letter to the Abade Geral da Ordem de S. Bernardo reconfirming his authority in spiritual and secular matters over some rebellious nuns at the Monastery of Santa Maria de Cellas. Lisbon, 1712 May 9. [1] leaf.　　　　P–489
　Original.

244

João VI, *king of Portugal,* 1769–1826. Grant of a "lugar ordinario de Dezembargador da Caza da Suplicação" in Lisbon to José Vicente de Cazal Ribeiro. Palacio, Rio de Janeiro, 1820 July 4. 4 leaves.　P–584

245

João VI, *king of Portugal,* 1769–1826. Letters, decrees, and writings on the regency and reign of João VI. 7 items.　　　　　P–486
　One letter relates to the blockade of Portuguese ports and is signed: "C[arlos] Cotton, Barão Ingles, Almirante em Chefe dos Náos," April 27, 1808.
　An incomplete essay concerns "A destruição da Carta em Por. tem excitado mais alto grão de attenção entre as pessoas q̃ tem conhen-cim^{to} da Peninsula do q̃ as successivas quedas dos governos represen-tativos estabelecidos em 1820."

246

João VI, *king of Portugal,* 1769–1826. Notice to the Portuguese people that his son Miguel had fled and joined the Twenty-third Regiment and that he [João VI] had already abandoned him as a

father and would punish him as king, 1823 May 30. 1 leaf.   P-496
Copy of a published notice.

247
José I, *king of Portugal,* 1714-1777. Carta Regia circular que com
data de 16 de Novembro de 1758 se mandou pela Secretaria de
Estado a todos os Prelados Diocesanos e Regulares para se cantar nas
Igrejas da sua respectiva Jurisdicção o Te Deum Laudamos em acção
de graças pelo milagre de haver S. Mag^{de} escapado com vida entre os
estragos que lhe fizerão os tiros com que pertenderão matallo na
noite de 3 de Setembro deste anno, Belem, 1758 Dec. 16. 8 items.
P-491
With it are *avisos* and *decretos* dated 1753-58, concerning the administration of fortified churches in the Lisbon area, the policing of
the park of Cintra; the bestowal of "hum lugar de Deputado Ordinario Theologo da Meza da Consciencia e Ordens" upon D. Nuno
Alvares Pereira de Mello, "filho illegitimo do Duque de Cadaval";
the payment of excise taxes for special orders or decrees and the
exemption of certain officials from payment of these taxes; the re-
sumption of ceremonial dress at official meetings after their suspen-
sion following the great *calamidade* (earthquake) of 1755; and regulations governing the conduct of *companhias.*

248
José I, *king of Portugal,* 1714-1777. Documents concerning his death
on 1777 Feb. 24. 12 items.   P-498
Sewn signature.
Ten notices and two outlines of a "Forma do Acompanhamento
do Corpo do Augustissimo Senhor Rey Dom Jozé o 1º, "sent by
Ayres de Sá e Mello to the marquês de Tancos.

249
José I, *king of Portugal,* 1714-1777. Documents concerning the
death of King João V, 1689-1750, and the coronation and acclamation of his son and successor, King José I. 7 items.   P-492
Copies of *Carta Regia, decretos,* and *avisos* dated August 17 to September 2, 1750.

250
José I, *king of portugal,* 1714-1777. Letter to archbishop of Goa,
Salvaterra de Magos, 1774 Feb. 10, on the "reciproca união, e mutua
concordia, que devem fazer ver que os Governos Ecclesiasticos,
Politico e Civil se regem por hũ so identico espirito." 30 leaves.
P-493
Following the king's short introduction are six instructions of the

marquês de Pombal in which he calls for enlightenment among the subjects of the kingdom of Portugal and overseas territories. Of interest is his statement abolishing the Expurgatory Indices, and his continuing anti-Jesuit stance. The king also decrees the extirpation of books on moral casuistry.

251

King, Charles, *fl.* 1721. Le Marchand Anglois ou Le Commerce Conservé. En trois volumes. Par M. Charles King concierge de la Tresorerier e avant Marchand a Londres. London, MDCCXXI [1721]. 2 vols. in one; 264 and 234 p.   P−202
On spine: King, Le Marchand Anglois, 1721. MSS.
Leather binding with gilt coat of arms.
The work is dedicated to "Son Excellence Sebastien Joseph de Carvalho e Mello [marquês de Pombal], du Conseil de sa Majesté, le Roi de Portugal, e son Envoyé Extraordinaire auprès de sa Majesté Britannique" and signed by "le très humble e très obeissant serviteur e secretaire."
The text is in French. Notes in Portuguese begin on p. 215; several pages are cut out.
The English original consists of the most important issues of the British periodical the *British Merchant,* 3 vols. (London: Printed by J. Darby, 1721). (HF3505.6.B8 1721).

252

Lamartine, Alphonse Marie Louise de, 1790−1869. La Martine: Meditação segunda a L. Byron. Traducção Manuscripta. 12 leaves.
                                                                                    P−436
Cardboard cover.
Signed: Fim, M. R. S. A., Traductor de Eliezer de Florian [Manoel Rodrigues da Silva Abreu].
A note on the title page reads: "N.B. Foi impressa no *Bracarense,* no. 571 e 575 de 5 e 8 Março de 1861."

253

La Motte, Antoine Houdar de, 1672−1731. Ignez de Castro, Tragedia de M^r de La Motte da Academia de França posta em versos portuguezes pelo D^or Joze Pedro da Camara. 94 p.   P−258
Leather binding with gilt decoration.
This translation was published in Lisbon by S. T. Ferreira in 1792 (PQ1993.L46I64).

254

Latino Coelho, José Maria, 1825–1891. Differentes instituições de ordens, militares, e não militares, tanto nacionaes, como estrangeiras. 2 vols., 413 and 302 p.   P–38–39
On spine: Differentes Instituições de Ordens Militares.
Leather spine.
Written in the preface is: ". . . neste Ramo de Ordens Militares . . . feito este trabalho para si mesmo," Lisbon, 1850 July 1, [signed] L.C.
Contains several engravings, decorations, and penciled drawings showing insignia and decorations of the orders. Volume II describes honorary orders and awards, such as the one bestowed for services during the yellow fever epidemic of 1857.
An index is at the end of each volume.
At the end of the text may be read: "Paço em 17 de Maio de 1869 Marques de Sá da Bandeira—Jose Maria Latino Coelho."

255

Law. Instructions for judges and mayors. 2 leaves.   P–571
Part of a larger work; printed.
Items 20–41 concern procedures for handling street fights, adulterers, prostitutes, confiscation of property, loiterers, use of arms by constables, and jailing procedures.
Eighteenth century[?].

256

Law. Register containing letters and entries concerning royal property, the affairs of the Casa da Suplicação, the orders of knighthood, property holding rights, the payment of Brazilian tithes, etc., many dated in the 1740's. [9] and [25] leaves precede the Index.   P–157
Vellum binding.
Some leaves are missing.
The text is partly in Latin.
Includes: Index dos Titulos das Leyes extravagantes do anno 600 em diante que os passados antes da copilação da Ord. vão em outra ordem separado para maior claresa.
The manuscript begins: "Sendo propostas aos Menistros abaxo asignados."

257

Law. Sobre o requerimento do Pᵉ Joaquim Anastacio Mendes Velho, Prior de Mecejana, Eleito Deputado na Cabeça da Divisão das Comarcas de Beja, e Campo d' Ourique no qual pedia, que a Meza da Consciencia e Ordens lhe passasse Provisão, para perceber durante a sua ausencia todos e quaesquer emolumentos como se presente estivesse, juntos todos os papeis relativos ao mesmo negocio, respon-

Entry 254. Ornate insignia of a military order, from Differentes instituições de ordens, militares, e não militares . . . *by José Maria Latino Coelho (1850).*

74

deo o Procurador Geral das Ordens o seguinte ... [1789?]. [6]
leaves.   P–494

258
Legal casebook. 36 p., numbered 3–38.   P–285
  The vellum cover is torn.
  The outside pages of the notebook are missing.
  Entries seem to refer to cases, several in the town of Santarem.
  The first entry begins: "Simão Infantes como Secretario Cauza de
Reivendicaçao. . . ."

259
Legal separation. Petition of Antonia Gertrudes Purcely for legal
separation from her husband, Lisbon, 1830 Sept. 28. [2] leaves.
                                                                       P–589
  Signed E.R.M.

260
Leitão, Manoel Rodrigues, 1620?–1691. Tratado analytico e
apologetico, sobre os provimentos dos Bispados da Coroa de Portugal etc., etc., etc., pelo Doutor Manoel Rodriguez Leytam. Lisboa,
na Officina Real Deslandesiana, 1715. 24 leaves.   P–349
  Unbound.
  The manuscript is incomplete; it ends with an unfinished sentence.
  Contains excerpts from Leitão's posthumously published treatise.

261
Lembrança do dinheyro q̃. se achou pertencente ao Em. Sr. Cardeal
Patriarca, q̃. he o siguinte. 8 leaves.   P–525
  Itemizes assets totaling *ca.* 20,000$ 000; notes on payment of
debts by and to the estate of the cardinal are attached.
  The manuscript is enclosed in a wrapper marked "Dinheiro que
se achou depois da morte do Snr. Cardeal Patriarca. Curiozidade."
  Ca. 1760.

262
Leys de Era de 1249 até 1393. Tomos 1 and 2 [200] and 241 leaves.
                                                                 P–109–10
  Leather bindings.
  Compilations of laws promulgated by the kings of Portugal.

263

Lisbon. Escola Polytechnica, Lisbon. Notebook. [21] leaves.   P—426

This notebook apparently was prepared to raise funds to aid families of fishermen drowned at sea early in 1892, probably in a tidal wave. Published by the Escola Polytechnica, it bears facsimiles of messages and signatures of King Carlos, Queen Amelia, the Dowager Queen Maria Pia and of many prominent figures, such as the duke of Porto, the count of Sabugal, Ramalho Ortigão, Theophilo Braga, Pinheiro Chagas, and many others.

Some pages are uncut.

264

Lisbon. Teatro do Salitre. Papeis com referencias ao Theatro do Salitre contrato de João Gomes Varella com os fidalgos para se fazer a Praça de Touros no Salitre como todos as mais divertimentos na referida Praça. Devem juntar-se lhe todos que digão respeito a a dita praça [cover note]. Lisboa. 8 items.   P—289

Contains documents dated August 27, 1777—April 9, 1791, some of which refer to the empresario Paulino José da Silva, and others are signed Diogo Ignacio de Pina Manique.

According to one undated document, João Gomes Varella was to provide "o Espectacullo dos divertimentos," which were to include "os touros bravos."

265

Lisbon. Teatro Nacional de São Carlos. 5 p.   P—288

The diary shows performances for the season of 1909—10, which opened December 1 and closed March 22, with performances nearly every night of the week.

A Viuva Alegre appeared frequently among the items in the repertoire, as did many operas from French and Italian repertoire.

266

Liszt, Franz von, 1851—1919. Livro d'instrucção (Tractado, compendio). Tractado de direito penal allemaõ. Oitava edição correcta. Berlin, 1897. [18] leaves.   P—286

Draft and clear copy of reading notes.

Notes are dedicated by the author to Dr. J. J. Tavares de Medeiros in Lisbon as a grateful remembrance of Easter Week of 1897.

267

The Little Song Book of Ancient Rhymes collected from a large song book of the Library of the Vatican preceded by a critical notice of the same large Song Book with a list of all the Rhymesters that it con-

tains, for the greater part Portuguese and Gallegos. Vienna. I. R.
Typography of E. E. da Corte, 1870. 110 leaves.   P−52
  On spine: Cancionero de Trovas Antigas. Vienna. 1870.
  Leather spine and corners.
  The bookplate has the motto "Sub Robore Virtus."
  Critical notes describe not only the original works but also the
patrons and conditions which stimulated Spanish and Portuguese
troubadors.
  Translation of *Cancioneirinho de trovas antigas colligidas de um grande
cancioneiro da Biblioteca do Vaticano* (Vienna, Typografia I. E. R. do E.
E. Da Corte, 1870). This work was published by Francisco Adolpho
Varnhagen, according to Carolina Michaëlis de Vasconcellos in her
Cancioneiro da Ajuda (Halle A. S., Max Niemeyer, 1904), p. 28. It is
written in the same hand as items no. 51, 53, and 223 (P−60−61,
P−104, P−16).

268

Livro dos Privilegios e Liberdades dos Moedeiros da Caza da Moeda
desta Cidade de Lisboa, 1787. 139 leaves.   P−31
  On spine: Privilegios e Liberdades dos Moedeiros. MS. 1787.
  Leather with gilt coat of arms [O.P.L.].
  Begins with a statement of Dom Dinis, 1362, and ends with the
year 1773 in the reign of Maria I.
  "Index do que contem esta obra," leaves 127−39.

269

Livro 3º da Ordenação. Titulo primeiro das citaçoens, e como haõ de
ser feitas. [125] leaves.   P−96
  Leather bindings.
  Commentary on the *Ordenações Filipinas*.
  Ca. nineteenth century.

270

Lopes Ferreira, Miguel, *tr.*, 1689−1739. Vida e Acções de S. A.
Serenissimo Fr. Luiz Mendes de Vasconcellos, Graõ Mestre da Sag-
rada Relligiaõ de Malta, etc. Agora novamente traduzido de Cas-
telhano em Portuguez e offerecida ao Em^{mo} S ^{or} D. Antonio Manoel
de Vilhena. . . . Lisboa Occidental, na officina Ferreiriana, Anno
1731. [48] pages.   P−64
  On spine: M. Lopes Ferreira Vida de L. Mendes de Vasconcellos,
MS.
  Leather binding with gilt coat of arms [O.P.L.].
  The translator's name is given in dedication.
  A portrait of Fr. Luiz Mendes de Vasconcellos is the frontispiece.

271

Luíz I, *king of Portugal,* 1838–1889. Signatures of King Luís and
Queen D. Maria Pia, 1875 June 12. 1 leaf.   P–544
  Facsimile.

272

Lusiadi Leoninae. Libri Duodecim Carmen Heroicum Serenissimo
Lusitaniae Principi Petro Decatum a Patre Ignatio Archamone,
Neapolitano e Societate Jesu in Goana Provincia operario De Rebus
Gestis Lusitanorum in Regionibus Ultra Marinis. Compēdiosa Nar-
ratio . . . millesimo sexcentesimo septuagesimo octavo [1678]. Ap-
prox. 249 pages.   P–117
  Leather binding.
  On flyleaf: Pertence ao Hospicio; pasted on inside cover, label
"Do Monsenhor P[er]eira."
  PETRUS PRINCEPS PORTUGALLIAE VIVAT appears in the margin of
the last page of the text, formed by the first letters of each line.

273

Macedo, José Agostinho de, 1761–1831. Os Burros. 214 p.   P–124
  Notebook.
  The preface comments on the value and importance of satire and
the parlous condition of the arts and court of Lisbon of 1814. A
variant of the same poem is inserted in the notebook.
  Os Burros was first published 1812–14.

274

Macedo, José Agostinho de, 1761–1831. Os Burros. Poema Epico
por J. A. de Macedo. 1814. [163] leaves.   P–98
  On spine: Os Burros.
  Leather spine.
  Includes 2º Prefação, 3º Prologo.

275

Macedo, José Agostinho de, 1761–1831. Letter written at Pedroiços,
1829 June 15, to a friend who could be "hum Vigario Geral de quem
nenhum clerigo diz mal." [4] pages.   P–475
  In paper cover.
  Macedo died in Pedroiços.

276

Macedo, José Agostinho de, 1761–1831. Livro 7º [182] leaves.
                                                             P–108
  Leather spine.

The following two notes appear at the end of the text: 1. "Hoje 17 de Abril de 1799 acabei esta tradução a que dei principio no 8º de 1799. Obra de inexplicavel trabalho he este livro o original autographo, ou primeiro borrão que della fiz [signed] Jozé Agostinho de Macedo." 2. "Perdeo-se o 1º volume que continha os primeiros seis livros deste incomparavel Poema, nelle se encontrão paginas q̃. valem mais q̃. toda a Iliada a Eneida; se as prevenções da escola gramatical naõ tivessẽ encadeado o sentimento no coração dos homens que lẽm, esta verdade seria para todos evidente como he para mim. Eu intentaria huma nova tradução se não existissemos nas terriveis circunstancias em q̃. geme Portugal hoje 17 de Outubro de 1810."

Presents a translation of a portion of *Thebais,* by Publius Papinius Statius.

277

Macedo, José Agostinho de, 1761–1831. L'Orient, poeme. Onzieme, douzieme libres. 16 leaves.   P–439

Two unbound signatures.

French translation of part of Macedo's *O Oriente,* 1814.

Written in is the following: "Libre onzieme: É tradução de Pᵉ J. I. Roquette [fl. 1860] pelo menos a letra é sua e veio dos despojos da sua livraria, vendida em Lisboa."

Roquette was a prolific nineteenth-century Portuguese scholar.

278

Machado, Teixeira. Lyra intima. Ao talentoso protector das letras, Senhor Doutor Antonio Augusto de Carvalho Monteiro, off. e dedica estes ineditos o autor. Lisbon, 1915 Sept. 1. 9 leaves.   P–469

Sonnets.

279

Maciel, Luís. Letter to Sʳ Diogo de Mᶜᵃ Corte Real, 1738 Jan. 30, enclosing a carefully worked out proposal for state support of a plan "sobre naos pᵃ a India," giving special privileges to Portuguese or foreign ships sailing to India. [3] leaves.   P–524

280

Maia, Abilio. Tres centenarios de Abilio Maia. Documentos e a historia do folheto Tres Centenarios de Abilio Maia, publicado no Porto em Abril de 1883. 8 items.   P–466

Bills, telegrams, and letters relating to the issuance of this work under the patronage of Antonio Augusto de Carvalho Monteiro. This work was published in two editions (PQ9261.M346 T7 1883 and PQ9261.M346 T7 1883a).

281

Malhoada; Poema Heroi–Comico. 27 leaves.　　　　　　P–433
Unbound.

The poem is incomplete.

This poem was possibly written by a member of the Malhão family, perhaps Francisco Manuel Gomes da Silveira Malhão, 1757–1816, who wrote other poems, such as the *Mondegueida,* 1788.

282

Manuel I, *king of Portugal,* 1469–1521. Letters. Imprensa Nacional, Lisbon, 1906–1922. 8 signatures in paper covers. Facsimiles of text with printed notes.　　　　　　P–337.

Contents: 1. Emanueli, Lusitan. India, Persia, Aethiopia, regi invictissimo Camillus Portim [?] romanus. 2. Camilli Porcy Ro. in laudem Emanuellis Lusitania regis, Leonis X. Pont. Max. dicta oratio. [Letters of an Italian writer, Camillo Porzio (Porcio)] 3. Cartas diversas de el-rei D. Manoel de 1510–19 (2 copies). 4. Carta de el-rei D. Manoel para os juizes, vereadores, etc., da cidade do Porto, ordenando para se fazer uma procissão solemne em acção de graças pelas victorias havidas sobre o rei de Calecut, July 8, 1505. 5. Carta de el-rei Manoel aos juizes e vereadores de Elvas, para solemnizarem as victorias havidas na India, 1506. 6. Carta de el-rei D. Manoel para os reis de Castella dando-lhes parte da descoberta da India, da sua riqueza, e do proveito que d'ahi pode vir a Christandade, July 12, 1499. 7. Carta de el-rei D. Manoel ao Cardeal Protector, August 28, 1499.

Includes also: 1. Letter from Affonso IV to Pope Clement VI, February 12, 1345. Facsimile and Latin transcription from the Vatican Secret Archive, with Portuguese translation. 2. Letter from Alberto Cantino to the duque de Ferrara, October 17, 1501, concerning the Portuguese discoveries and copied from the Royal Archives of Modena.

283

Manuel II, *king of Portugal,* 1889–1932. Greetings to the exiled king upon the occasion of his marriage to Princess Victoria in 1913. 32 p.
　　　　　　P–276

Parchment folios, gold and blue lettering.

The text reads: "Senhor! Portuguezes exilados na sua terra, mas nunca esquecidos de sua Patria, erguendo nas mãos a gloriosa bandeira azul e branca vêem, por occasião do vosso casamento, expressar os seus votos pela felicidade de El Rei e da Excelsa Princeza Victoria de Hohenzollern."

The text is followed by many pages of signatures in facsimile of loyal Portuguese men and women.

284

Manuscriptos Historicos. Lisbon, 1772. 298 leaves.   P–5
On spine: Manuscriptos Historicos. T. II. MS.
Leather binding with gilt coat of arms [O.P.L.].
On the flyleaf may be read: "Non nobis Domine, non nobis, sed nomini sua da gloriam Em. Lix^a Occ^al a 7 de Dezembre de 1772. Encadernação . . . De Antonio Vas de Carvalho . . . Pertence ao P^e João de Savedra Christovão."
"Index de que se contem neste livro" precedes text. The manuscripts were written in several hands.
Presents a collection of letters, writings, and documents on the Inquisition, Anglo-Portuguese relations, and other aspects of Portuguese history, from ca. the thirteenth century to the sixteenth century.
Contains also: 1. Catalogo dos Reis de Bohemia muito antes de serē Christãos athé Maximilian o Segundo. 2. *Loa* by Antonio Manuel to D. João V. 3. The account of an appearance of a strange fish in Faro, 1663. 4. A Hungarian lineage from Attila the Hun. 5. Genealogies of the counts of Aragon and Barcelona, the kings of Naples, and the dukes of Brabant.

285

Mappa do estado d'arrecadação da Decima das Commendas cituadas nas Ilhas. 8 charts.   P–503
Covers the years 1797–1807, with the final chart on "Ramo da Com^a das Moendas . . . cituadas na Ilha Terceira," 1797–1816.
Refers to tithes in kind produced by *comendas* and *comarcas* on the islands of Porto Santo, Madeira, São Miguel, and Santa Maria.

286

Maria. Mais reflecções e m[ai]s alg[uma]s revelações. 12 leaves.   P–568
Unbound.
This letter, unsigned and undated, apparently was written by a woman in love with a man who had just proposed marriage to her. He appears to have been a widower, and she may have been his housekeeper.
"Maria" and a coat of arms are embossed on each folded sheet of writing paper.

287

Maria I, *queen of Portugal,* 1734–1816. Decree, Lisbon, 1793 July 23. 1 leaf.   P–556
Printed.
Concerns the exemption of the Irmandades do Santissimo Sac-

ramento from the enforcement of laws for the confiscation of the goods of the *irmandades* and *confrarias.*

288
Maria I, *queen of Portugal,* 1734—1816. Letter to the Bishop de Marianna, Queluz, 1797 Nov. 11. [1] leaf.   P—347
Concerns the establishment of regular parishes and regularization of funds for their support. The queen's interest in the administration of church affairs is evident.

289
Marriage certificate, Madrid, 1755 April 4. 1 leaf.   P—346
Notarized by Manuel de Elexido, with several other certifying signatures, concerning the marriage on March 3, 1669, of D^n Marcos Jph de Aguilar and Dª Margarita Maria de Molina.
Bears two stamps of veinte maravedis.

290
Mattos Guerra, Gregório de, 1633—1696. Poetry. 2 vols., [175] and [165] leaves.   P—253—54
On spine: Obras de Greg. de Matos.
Leather binding.
Inscribed in pencil is the following: "Estes dois volumes de Poesias de Gregorio de Mattos pertencem ao Snr. Luiz Antonio Alves de Carvalho Filho, que m'os emprestou. V.C. Lettra de Valle Cabral da B[iblioteca] P[ublica?] a quem emprestei estes dous volumes para a sua edição das obras de Gregorio de Mattos, L.C."
One volume opens with "A huã dama dormindo junto a hũa fonte"; the other, with "A Ilha de Itaparica."

291
Mattos Guerra, Gregório de, 1633—1696. Varias Poezias compostas pello Famozo Doutor, e insigne Poeta de nosso seculo. Gregorio de Mattos e Guerra. Juntos neste volume por hum coriozo, e no fim com hum Indice de tudo, que nelle se contem. E hum abecedario de todas as Obras, por forma, e ordem alfabetica. Cidade de Bahia, anno de 1711. 407 p.   P—255
On spine: Varias obras do D^{or} Greg de Mattos.
Leather binding.
Index follows text.
This codex was used extensively in the compilation of the poetry of Gregorio de Matos in *Crônica do Viver Baiano,* edited by James Amado (Bahia: Editôra Janaína Ltda., 1969). A facsimile of its title page serves as the cover design for the Amado edition.

292

Maya, Manoel Rodrigues. Jozefinada; poema Joco-Serio. Lisboa, 1791. [47] leaves. P–250
   Colored paper cover.
   The poem is divided into three cantos.
   Inocêncio (VI:96) mentions this poem, suggesting that it may be lost.

293

Mello, Pascoal José, 1738–1798. Discurso sobre os votos de S. Thiago: feito por Pascoal Joze de Mello Lente da Cadeira do Direito Patrio na Universidade de Coimbra nas Prelecçoens, que fazia a mesma cadeira pelos annos de 1773 e 1774. 29 leaves. P–521
   Unbound.
   Decorated title page.

294

Memoire historique et politique sur les Rois de Portugal relativement a la France. 26 p. P–342
   Text in French.
   The manuscript was written in an eighteenth-century hand.
   Covers the period ca. 1112–1715.

295

Memoria das Merces q̃ se fizeraõ ao sec^{rio} Gaspar de Faria Severim. 34 leaves, numbered 131–64. P–462
   Signatures from previously bound material.
   Contains also: 1. Merces, q̃ se fizeraõ a An^t de Sousa de Macedo. 2. Merces, q̃ se fizeraõ Antonio Pr^a Secretario do Conselho de Guerra. 3. Memoranda from the prince dated November 1 and 8, 1651. 4. A letter from King Charles II of England on the Isle of Jersey, October 16, 1649, to Dom Pedro Vieira de Sylva, Secretaire d'estat du roy de Portugal, in French. Original bears royal seal. 5. A Portuguese translation of the previous letter. 6. Eight leaves of coded writing beginning: 17.1–2.10.17.10.14–8.14.12.1.13.9. 10.17–, etc. 7. Letter dated April 2, [16?]46. 8. Como se hade tratar o Corpo de El Rey morto.

296

Memoria Politica. A riqueza e felicid^e publica são os import^{es} objectos que influem e agitão o Sabio e illuminado Gabinete de Portugal; he por estes desejados fins que volve nas suas sabias ideas milhares de projetos q. farão hũ dia a felicidade da Nação, he por elles que eu sou incumbido das mais exactas averiguações Economicas e Politicas de que vou dar razão. [39] leaves. P–530

Entry 295. Seventeenth-century coded letter.

Unbound.
Many tipped in corrections.
A slip inserted in item reads: "Memoria politica. Não tem nome do autor nem esta terminado. He escripto depois do anno de 1784. O autor tinha sido juiz de fora em Abrantes." The last sentence is written in another hand.

297

Memorias Historicas pertencentes ao Cardeal Rey D. Henrrique. Pratica que fes o Cardial Infante D. Henrrique, a El Rey D. Sebastião quando lhe entregou o governo. [115] leaves.   P−20
  On spine: Memorias Historicas. MS.
  Leather binding with gilt coat of arms [O.P.L.].
  Contains also: 1. Cortes que se fizeram na Cidade de Lisboa e tiveram principio em o primeiro de Dezembro de 1697. Em que se refere tudo o que se passou no congreço da Nobreza. Sendo Secretario delle o Conde de Alvor Francisco de Tavora, do Concelho de Estado, e Presidente do Concelho Ultramarino. 2. *Gazeta de Lisboa,* July 29, 1824, containing an article about the *cortes* of Portugal, by J. J. P. L., p. 835−40.   The name of Julio Firmino Judice Biker is stamped or glued on several leaves.

298

Memorias Historicas Recopiladas de varias originaes, q̃ eu vi no anno de 1714. Henrique Henrique d Nª Sra. 356 leaves.   P−197
  On spine: Memorias Historicas, MS.
  Leather binding with gilt coat of arms [O.P.L.]
  Contents: 1. Historia de Don Servando Obispo de Orense Traduzida en Lengua Gallega Por Don Pedro Seguino tambien Obispo de Orense, que vivia año de 1153. Era de 1191. Traduzida de sus originales en letra Gotica Por Don Jozeph Pellizer de Tovar Señor de la Casa de Pellizer Chronista mayor de Su Mag^d Año de 1646. 2. Other documents relating to laws, royal protocol, decrees, genealogy. 3. Coplas de João Rodrigues de Saá de Menezes, declarando alguns escudoz de Armas de varias familias de Portugal. 4. [added after 1714 in a different hand] Discurso . . . de 9 de 8tub^ro de 1803 [pertaining to Madeira].
  "A transcript of ancient manuscripts, dealing with the life of the Bishop of Orense, and rules and obligations to be observed in regard to certain royal princes" (Maggs).
  Such matters as the correct manner of writing to aunts and uncles of the king, the children of *infantes,* and information about King Sebastian's tutor are included.
  Contains an "Index do que contem este livro."

299

Menezes, Manoel da Cunha, *captain general of Pernambuco and Bahia.*
Register of letters written in Bahia 1774 Aug. 29 to 1779 Nov. 6.
201 letters.   P−21
Leather binding.
Headings give general subjects of each letter. The letters concern
Brazilian affairs along the southern frontiers, the appointment of
officers and garrisoning of fortifications, reasons for not complying
with royal orders, and conflicts between the military and regular
orders and royal and other authority. Many of the letters are ad-
dressed to the king, to the marquês de Pombal, or to Martinho de
Melo e Castro.
The last letter is incomplete.

300

Menezes, Sebastião Cesar de, *bishop, d.* 1672. Summa politica of-
frecida ao Principe. D^n Theodosio de Portugal por Sebastião Cesar
de Meneses, eleito Bispo de Coimbra. Em Amsterdam, na tipo-
graphia de Simão Dias Soeiro Lusitano, anno 1650. 151 pp.   P−251
On spine: Suma Poli.
Leather binding.
Ms. Copy of second [1650] edition.
L.C. has printed edition (JC 163.M4 1650).

301

Mesa da Consciência e Ordens. Consultas, petições, decretos, e cartas, 1606−1697. 11 items.   P−379
Unbound signatures and loose documents.
Most are copies; some are originals.
These papers contain information on the income and administration of *comendas,* on the maintenance of the buildings and other
property of the orders, and on such matters as requiring members
of the military orders to wear their habits in religious processions.

302

Mesa da Consciência e Ordens. Consultas, petições, decretos, e cartas, 1706−1797. 29 items.   P−380
Unbound signatures and loose documents.
Many are copies; some are originals.
Many questions are covered, including whether nuns should be
permitted to take the baths at Caldas, the granting of benefices, and
the waiving of requirements for membership in the military orders
to permit "dispensa de mecanica" for members of the Company of
Grão Pará and Maranhão. One document, dated 1730, ends with a
cryptic note: "não está resolvida."

303

Mesa de Consciência e Ordens. Consultas, petições, decretos, e cartas, 1800–1821. 33 items. P–381

Unbound signatures and loose documents.

Many are copies; some are originals.

Among these papers is a chart entitled: "Mapa demonstrativo do expediente de que unicamente se recebe salario na Secretaria do Despacho da Meza da Consciencia, e do Comun das Ordens, sua taxa, e importancia em cada hum dos 10 annos findos em 1807, e nos seguintes ate 1817."

304

Mesa da Consciência e Ordens. Consultas, petições, decretos, e cartas, 1820–1831. 84 items. P–382

Unbound signatures and loose documents.

Many are copies; some are originals.

Items treat military orders, *comendas*, and problems of internal administration of the *mesa*. Among the documents is an 1825 printed *alvará* ordering formal registration of recipients of *comendas*, with the exception of minors and women.

305

Mesa da Consciência e Ordens. Documents, notes, and fragments of documents relating to the Mesa da Consciência e Ordens. 37 items.
P–586

Ca. 1796–1828, with many undated items.

Items include reference to military orders, payment of tithes, and historical notes.

306

Mesa da Consciência e Ordens. Esta reprezentação do Bispo Eleito do Funchal he verdadeiramente huma accuzação dos procedimentos da Meza. 342 p. P–81

Leather spine and corners.

Contents: 1. First item prepared by Pr^a e Menezes, Lisbon, September 20, 1785. 2. A request from P^e Bernardo Leite Per^a in Rio de Janeiro, December 9, 1796, asks for an end to the establishment of new congregations in Brazil. 3. Numerous complaints against the military orders and the holders of their benefices.

This probably was compiled in the early nineteenth century. The documents copied cover many centuries, but most are dated ca. 1780–1815.

307

Mesa da Consciência e Ordens. Resposta que dei em hum impertinente Requerimento, que fizerão os Arrematantes da Comenda de Sta Maria da Villa de Almada em 26 de Outubro de 1784 contra o procurado chamado do Monte, Antonio Borges Barboza depois de ter informado o Ouvidor do Mestrado. [Signed] Per^a e M^{es}. 112 p.

P–80

Soft vellum cover.
Marginal notes.

308

Mesa da Consciência e Ordens. Sobre se rezumir nas cartas das consultas a materia dellas. 156 leaves.   P–82

Leather spine and corners.

Copies of letters and transactions are dated 1635–ca. 1755, not in strict chronological order. The first thirty-three letters were written to government officials and family, by Miguel de Vasconcellos e Brito (d. 1640), secretary of state under the princess of Mantua (see Diogo Barbosa Machado, *Bibliotheca lusitana historica, critica, e cronólogica*, 4 vols. [Lisboa, 1741–59], III: 487).

309

Miguel I, *king of Portugal*, 1802–1866. Papers relating to the Miguelist regime. 15 items.   P–322

Contents: 1. Account of a naval expedition from Madeira to the Azores made by Miguelist forces, December 17, 1828. The author, Pedro Pinto de Moraes Sarmento, "Major de Infant^a," mentions delays and lack of supplies. 2. Printed proclamation of the army commander to his troops, pledging fealty to the "Sancta Religião" and to Dom Miguel, the empress, and the House of Bragança. Lisbon, na Impressão Regia, 1828, Com licença da Commissão de Censura. 3. Account of the disaffection of the Miguelist troops in Madeira and their mistreatment by a temporary commander, João Joaquim Januario Lapa, during the absence of their regular officer, António Bernardo d'Abreu e Castro. 4. Relacão dos Rebeldes Portuguezes q̃ d Inglaterra Vierao ao Porto, promover e auxilhar a revolucao. 5. A "denuncio contra Pedro Antonio de Abelar" who publicly insulted his king and his religion, made by the prior de Benavente, and a report on the 1828 Miguelist expedition to the Azores by Pedro Pinto de Moraes Sarmento. 6. Letter to the marquês de Tancos from the regency, June 6, 1821, requesting that Francisco Nunes Francklin, chronista da Real Casa de Bragança, be given access to the Tancos family archives. 7. Miscellaneous orders, accounts, and letters. Figures represented in these papers include the marquês de

Tancos, the visconde de Casellas, the conde de Amarante, the conde da Feira, and the conde de Barbacena.

310
Military orders. Alvará d' el Rey D. Felippe 5° pelo qual consta do Seminario do Convento. 257 p. and [10] leaves.   P–22
Title page apparently removed.
The compilation, probably made or copied ca. 1770–1815, includes documents from as early as 1565.
Several letters, probably copies, are inserted in the volume.

311
Military orders. Breves apontamentos em que se indicaõ os principaes fundam^{tos} da Exempção da Jurisdicção Ordinaria de que gozão as Ordens Militares de Portugal. 7 leaves.   P–419
Unbound signatures.
Divided into: 1. Algũas [5] premissas. 2. Primeira Parte Da Exempção das Ordens ate o tempo Do Concilio de Terento. 3. Segunda Parte de Estado em q̃ as ordens ficaraõ depois do Concilio Tridentino.

312
Military orders. Charts and tables. 6 leaves.   P–597
Contents: 1. Mapa dos titulos [lists forty-six titles of duque, marquês, and conde and states upon whom, by whom, and in what year they were conferred (1718–79)]. 2. Rellação das Comendas pertencentes a relligião de Malta.

313
Military orders. Compilation of regulations, accounts, and historical notes. 223 leaves.   P–176
Leather spine.
Covers material from the twelfth to seventeenth centuries.
Lists officials and benefices of the military orders, together with the fundamental *breves*, decrees, etc., concerning them. Lists of benefices are dated ca. 1630.
The text was copied in different hands at different times.

314
Military orders. Decrees, consultas, royal orders, and papers of the Mesa da Consciência e Ordens, providing a chronological summary of the history of the military orders, *ca.* 1630–1658. 56 p., numbered 1–98, but lacking p. 45–72; 82–91; 94–97.   P–420
Unbound signatures.

315
Military orders. Doutrinas sobre ordens militares. 49 and 21 p.
P-413
Paper binding.
Discussion of the rights of the crown and the military orders, particularly in overseas affairs, jurisdictional matters, property rights, the wearing of habits, etc.

316
Military orders. Em carta de S. Mag^e de 4 de Julho para Soror Luiza das Chagas. 8 items. P-390
This is an extract of a letter nominating Sister Luiza to the post of comendadeira and prelada fundadora of the Mosteiro de Freiras da Ordem Militar de S. Bento de Avis. With it are other letters concerning visits, appointments of scribes and other officers, and other matters relating to the Orders of Santiago and Avis, ca. 1600–1800. Copies.

317
Military orders. Escrivaõ das Arrematações e Tombos das Commendas Vagas. [7] leaves. P-559
In a folder marked "Sobre o officio dos Arremataçoens de Commendas."
Includes copies of letters and royal decrees concerning the filling of this position and the use of deputies in the *ofício*, dated December 20, 1776, to June 4, 1825.

318
Military orders. Essay on the military orders. 75 leaves. P-421
Unbound signatures.
Discusses the division of ecclesiastical and temporal authority invested in the king and reflected in the orders. Focuses on the seventeenth century.
One part, a "Reportorio Historico," appears to lack some of its chapters.

319
Military orders. Livro da vizitaçam provimentos e lembranças que se fez neste colegio das Ordens Militares de Santiago da Espada e Sam Bento de Avis em esta cidade de Coimbra este anno de mil e seissentos e vinte e sete aos vinte e cinquo dias do mes de Junho pelo R^o Padre Simão da Costa freire professo da Ordẽ de Santiago prior da Igreja Matris da vila da [A]ldea Galega de Ribatejo vizitador por Sua Magestade como mestre e perpetuo administrador que he das ditas hordens e . . . Antonio Bulhão do Prado freyre professo da Ordem

90

de Sam Bento de Avis beneficiado cura da nossa Matris de Alcane e Secretario da dita vizitaçam. 26 and [11] leaves.   P—173

Leather spine.

[Signed] Simão da Costa, Coimbra 1627 July 18.

With it are reports on the inspection and "Lembrança do R^{tor} do Collegio" with illegible signatures, followed by a statement signed by Diogo Reymão, vice reitor. Other reports are signed by Fr. Hieronymo Rebello, Fr. . . . do Rib^{ro} de Castro, Manoel . . . Carrilho, and Diogo Barbosa.

320

Military orders. Mesa das tres Ordens Millitares de Christo, S. Thiago e Avis. Tomo 2° Bullas, Decretos Resoluçõens, e acentos desde a sua creação the o anno de 1731. Recopillados, e reduzidos a matérias distintas e separadas, em quatro tomos. Offerecidos Ao muito alto e poderozo Rey e Senhor nosso Dom João 5° por Dom Lazaro Leytão Aranha do Conselho do mesmo senhor, Principal da Santa Igreja Patriarchal, Deputado da Consciensia e Ordens. Approx. 150 folio leaves.   P—191

On spine: As tres ordens militare[s].

Leather spine and corners.

Gives chronological summaries under thirty-four general topics, citing dates and sources of regulations.

321

Military orders. Miscellaneous notes copied from the records of the military orders, including *alvarás, requerimentos, provisões*, etc. 39 items.   P—558

Ca. 1602—1821.

322

Military orders. Ordens Militares [spine title]. Carta do Mestre, por que faz comtar as determinações feitas em Capitulo geral, que se celebrou em Avis no anno. Approx. 400 leaves.   P—188

The leather spine is broken.

Also bound with it is "Do que ha de passar per sinal dos Deputados da Mesa da Consciencia," and other *consultas, resoluções,* and *alvarás,* ca. 1530—1815.

323

Military orders. Ordens Militares. Legislação. 5 vols., 600, 588, 612, 697, and 649 leaves.   P—203—07

Spine titles: Legislação. Anno de. . . .

Leather spines.

Resumé of contents inserted at end of each volume.

Chronology: Tomo 1, anno de 1248 a 1827; tomo 2, anno de 1625 a 1825; tomo 3, anno de 1533 a 1827; tomo 4, anno de 1801 a 1826; tomo 5, anno de 1130 a 1827.

Among the letters inserted in these volumes is one to "Tomas Cabral Soares de Albergaria, . . . Conego da St^a Igreja Primas, e Procurador Geral das Ordens," Coimbra, February 25, 1828, concerning the arrival "de Nosso Infante" (vol. 3, p. 29) and another from Domingo M^el A . . . Coutto, September 21, 1847, concerning the copying and location of documents of the Mesa de Consciência e Ordens (vol. 4, p. 31).

324

Military orders. Ordens Militares [spine title]. Letters, *consultas,* and other documents from the records of the Mesa da Consciência e Ordens and from the records of convents under the direction of the military orders, *ca.* 1600–1815. Approx. 400 leaves. P–177

Leather spine.

Early nineteenth-century copy.

Bound in it is an original document of the Mesa, concerning the *meias annatas* connected with the Comenda de Mertola, which was assigned to the House of Braganza in July 1779, and a notarized document, Villa Franca de Xira, April 3, 1787.

Inserted in the volume is a letter copied from a convent record in Lisbon, October 20, 1816, "com as rubricas dos Principaes Lencastre, Noronha Leão, e Furtado," concerning the appointment of a prelate for the "Missas da Capella."

325

Military orders. Portuguese kings. Copies of letters of the Portuguese rulers, relating to the rights and privileges of the military orders. 7 items. P–482

Contents: 1. Letters of Affonso II, in Latin, 1215 and 1217. 2. Letter of Philip, April 5, 1604. 3. Letters of Catharina, December 3 and 6, 1558. 4. Letter of Sebastian, July 9, 1574. 5. Letter of Philip, February 9, 1601.

326

Military orders. Provisão a resp° do sitio em que se ha de fundar o collegio das Ordens em Coimbra, e varios art^os pertencentes no m^mo Collegio. 92 p. and approx. 90 leaves. P–201

Leather spine and corners.

Includes *alvarás, provisões, resoluções, and consultas,* some copied, some in resumé.

Sources are given.

Covers materials ca. 1560–1815.

327
Military orders. Relação das commendas das Tres Ordens Militares, que no Tribunal da Mesa da Consciencia e Ordens se hão de por em Praça no dia cinco do corrente mez de Maio, e nos seguintes até 31 do sobredito mez, a fim de se arrematarem por tempo de tres annos, na forma de Reaes Ordens, e Com as condições do estilo. Lisboa, Na Impressão Regia, anno 1831, com licença. 1 sheet. P–414
Printed broadside.

328
Military orders. Royal decree, 1616 Sept. 30. [2] leaves. P–495
The decree states that all *comendas* deeded to descendants during the lifetime of the original *comendador* must be duly registered with the Mesa da Consciência within two months, otherwise they are null and void.
With it is a petition by "Antonio Tavares Esteves, Freire professo na Ordem de S. Thiago, e Beneficiado Curado da Igrª Matriz da Villa de Alhos Vedros," requesting permission to use the "habito de ouro apenso."
Copies.

329
Military orders. Royal decrees and consultas pertaining to the military orders. *Ca.* 1442–1803. 5 documents. 10 leaves, 1 folded.
  P–483

Copies.

330
Military orders. Sendo hum dos principaes deveres do meu Officio promover a boa arrecadação dos rendimentos das Commendas vagas. [17] leaves. P–425
Sewn signatures.
Document pertains to the administrations of *comendas*, ca. 1775.
The name Campos appears on the last page and passim.

331
Military orders. Statutos do Collegio das Ordens Militares de Sanctiago da Spada e S. Bento de Avis. Fundado na Universidade de Coimbra, confirmados por El Rei D. Felippe 2º Nosso Senhor em o anno de MDCXV [1615]. 98 p. P–423
Parchment cover.
Partial table of contents.
Regulations for the university are minutely outlined, including the students' obligation to study. Papal confirmation follows the statutes, which are dated 1616.

332

Military orders. Taboa das presentes constituiçoeēs [sic]. [50] leaves.
P–422

Twenty-four unbound signatures.

Contains ninety-four regulations for military orders; some are missing.

The manuscript begins: "Constituiçam primeira que cada huū faça bautizar seu filho ou filha na igreja onde for freigues e por seu reitor do dia que nacer a oyto dias."

333

Military orders. Tendo declarado em observancia da igualdade da Justiça q̃ devo manter. Palacio de Queluz em 24 de outubro de 1796, com a Rubrica do Principe Nosso Senhor. [Signed] Domingos Pires Monteiro Bandeira. [7] leaves.
P–424

Unbound signatures.

This is a copy of a document authorizing the magistrate of the Tribunal das Ordens to collect tithes from the *comendas*.

334

Milton, John, 1608–1674. Paraiso perdido. [23] leaves.
P–437

Unbound signatures.

Presents a Portuguese translation of portions of Milton's poem by several different translators, one of whom is Lima Leitão.

335

Miranda, *bispo de*. Letter to Diogo [de] Mendoço [sic] Corte Real, Miranda, 1720 Aug. 1. 1 leaf.
P–540

Letter concerns parochial matters.

Corte Real was secretary of state to João V.

336

Miscelenia [spine title]. Instrucção que o Marquez de Valença D. Francisco de Portugal, do Conselho de Sua Magestade dá a seu filho primogenito D. José Miguel João de Portugal, Conde de Vimioso. Impresso em Lx^a no anno de 1745. Anno de 1822–1823 [date of copy]. 256 p.
P–12

Leather spine and corners.

There is an index at the beginning of the text. In addition to the opening item, this copy includes a history of Madama de Luz, a treatise on the nullification of the marriage of Isabel and Affonso VI, many short extracts from books and periodicals, and diverse correspondence.

Copied by "F.M.D.S.M., Bibiothecario."

337

Miscellaneous. Fragments, notes, and unidentified papers. 16 items.
P−591

Includes: 1. Instructions with diagram for repairing and cleaning a chandelier. 2. Receipt from the Imprensa Academica de Coimbra made out to Eduardo d'Abreu, June 10, 1881. 3. Notes, possibly in Theofilo Braga's handwriting. 4. Information for subscribers to the Galeria das Ordens Militares. 5. Notes written to Carvalho Monteiro. 6. Letter to Sr. Maria da Madre de Deus. 7. Notes on the published and unpublished poetry of Antonio Barbosa Bacelar and Jerónimo Baía.

338

Miscellaneous notes and letters. 20 items.   P−592

Includes: 1. Notes on agriculture in Bahia, Brazil, with discussion of relative merits of black and red soils, methods of sugar cane cultivation, and crop price lists. Some purport to be excerpts from printed sources: Gabriel Soares de Sousa, *Noticia do Brazil* (São Paulo: Martins [1945]) cap. xxxiv; Luiz de Figueiredo Falção, *Livro em que se contem toda a fazenda e real patrimonio dos reinos de Portugal, India, e Ilhas adjacentes* (Lisboa: Imprensa Nacional, 1859); Sebastião de Rocha Pita, *Historia da America portugueza* (Lisboa occidental: J. A. da Sylva, impressor da Academia Real, m. dcc. xxx). 2. Galley proof pages with corrections. 3. Letters to Tomás Cabral Tavares de Albergaria from his brother Gui^{me} (no date) containing what appear to be entries for a dictionary.

339

Miscellaneous papers and clipping. 6 items.   P−539

The folder includes: 1. Miraculous blessed paper sold by beggars after the ouster of the Miguelist forces from Lisbon in 1833. 2. Report of a Portuguese diplomat in Paris, January 5, 1798, concerning the unwarranted detention of a Sr. Araujo. 3. Clipping showing Napoleon Bonaparte's insignia and a portrait of the duke of Reichstadt. 4. Two poems, one of which concerns General Junot of the French forces; verso of last page reads "Ecos de Pariz. Anecdotas." 5. Copy of *Journal de Paris,* January 2, 1798.

340

Miscellaneous papers and clippings on sixteenth-century material. 20 items.   P−300−07

The items are organized under the following groups: 1. Convento dos Jeronimos. 2. Circumnavigation of globe. 3. Affonso d'Albuquerque. 4. Francisco d'Almeida, vice-roy of India. 5. Bartolomeu Prestello, navigator. 6. Dom Manuel I. 7. Portuguese Asia. 8. Vasco da Gama.

Contains several facsimiles of signatures. Clippings come from nineteenth-century numbers of *Panorama, Jornal do Comercio,* and *Diario Popular.*

341

Monarchia Lusitana ou o Quinto Imperio universal do mundo. Onde se trata da glorioza e felecissima vinda do Augustissimo Senhor Rei D. Sebastiao athe a destruição do Sepul-chro de Mafoma, exaltação da Santa Fé de Christo Snr. Nosso em todo o mundo, Recuperação da caza Santa de Jeruzalem, e a total ruina do Imperio Mahometano. Dedicada a Jezu Christo Senhor Nosso a quem só pertence este grande Imperio Lusitano segundo a promessa que o mesmo Senhor fez ao Primeiro Rei D. Affonsso Henriques no Campo de Ouriqui, no dia memoravel da Batalha, em que venceo os Cinco Reis Mouros. [100] leaves.   P–49
On spine: Monarchia Lusitana. MS.
Leather binding with gilt coat of arms [O.P.L.].
Includes sixteen cantos, with explanatory footnotes.

342

Monarquia Lusitana: Imperio de Christo. Profecias, revellaçõens, vatecinios, e pronosticos. . . . Emcorporada e ilustrada pello Licenciado Pedro Anes de Avelos natural da villa de Abiul, Lente de Philosophia na Universidade de Coimbra. . . . Anno de 1635. [204] leaves.   P–40
On spine: Monarquia Lusitana Ms.
Leather binding with gilt coat of arms [O.P.L.].
The engraved frontispiece, bound as initial title page, is dated 1139.
Ca. 1800 (Maggs).
Presents a collection of prophecies concerning King Sebastian and the kingdom of Portugal, beginning with the reign of Affonso Henriques.
The index is blotted out by repair and reinforcement of the last page.

343

Monumento viridico das cosas q̃ passaraõ em Africa quando El Rey D. Sebastião de Portugal a ella veo, Escriptas por hum homem Africano desejoso de se não perder a fama dos acontecimentos q̃ nesta batalha se obrarão pelos nobres Capitaẽns, Fidalgos, e Almocades. Copia fiel de hum antigo Mss apparecido no Alg^e na Biblioteca de Damião Antonio de Faria e Lemos Castro, Natural de Villa Nova de

   On spine: D. Sebastião, MS.
   Leather with gilt coat of arms [O.P.L.].

344

Moraes Soares, Manuel de, 1727—1801. Catalogo das Plantas q̃ contem o Real Jardim Botanico de Quelús com hũas breves descripções das suas classes, generos, especies, e propriedades, ordenado por Manoel de Moraes Soares, Medico da Camera de S. Mag^e Fidellissima, Cavalleiro professo da Ordẽ de Christo e Academico da Real Academia Medico-Maritense, etc. [14] leaves, 123 p., and [53] leaves.
                                                  P—94

   On spine: Catalogo das Plantas.
   Leather spine.
   Approximately three hundred plants are listed, some with their "properties and virtues."
   Soares published poetry and several works and translations of works on medicine (Inocêncio, VI:67 and XVI:273).

345

Moreira, Manoel de Sousa, 1648—1722. Carta de D. Ignez de Castro para o Princepe D. Pedro estando ja sentenciada a morte. [8] leaves.
                                                  P—458

   "Este romance é feito por Manoel de Sousa Moreyra, Abbade de S. Bade, Autor do Theatro Genealogico da Caza de Sousa."
   The manuscript begins "Com o cutello, e co a alma."

346

Moreira, Manoel de Sousa, 1648—1722. Varias obras poeticas de Manoel de Souza Moreira O Abade de S. Bade. [240] leaves.
                                                  P—230

   On spine: Poizias Varias. T.I.
   Leather binding.
   The manuscript is inscribed: "Foi de Joze Francisco Pedrozo; agora pertence ao uzo de [name crossed out]."
   Contents include (in addition to scattered shorter poems): 1. Sonetos. 2. Memorias de Afonso de Albuquerque Reprezentadas em hũa carta na sua Morte ao Snr Rei D. Manoel. 3. Carta de D. Ignes de Castro para o Principe D. Pedro, estando ja sentenciada á morte; Romance. 4. Descripsão da Torre Velha em ocazião q̃. nela asistia o autor mui contra sua vontade. 5. Carta de D. Matilde Condeça de Bolonha a D. Afonso 3º Rey de Portugal; Romance. 6. Egloga Escripta na ocaziam em que com grande magoa do autor morreo Antonio Teles da Silva da Familia da Caza dos Marquezes de Alegrete; Outavas. 7. Saudades de Silvio, e queixas de Manlio; Egloga, outavas. 8. El Promoteo. Fabula Alegorica Ecos de la muza

transmontana repetidos por Valero Ramos de M^{ca} , anagrama do autor Manoel de Sz^a Moreira [in Spanish].

347
Motta e Silva, Pedro de, *fl. 18th century.* Letter to Conde de Aveiro, 1750 Aug. 5. [1] leaf.   P–323
Concerns obsequies and ceremonies on the occasion of the death of D. João V.
On the cover is: "Officio original do Ministro de Estado Pedro de Motta e Silva para o Conde Oeyras participando-lhe a morte de D. João 5º"

348
Narração das couzas mais notaveis que tenho lido e ouvido, e são fundamentos p^a se affirmarem a Vida, e Vinda d'El Rey D. Sebastião outra vez a Portugal. 50 leaves, incomplete.   P–8
On spine: Nova vida e vinda de D. Sebastião. MS.
Leather binding with gilt coat of arms [O.P.L.].
Contains a summary of Sebastianist arguments.

349
Nascimento, Francisco Manoel do, 1734–1819. Copias e extractos copiado[s] de um caderno de seu proprio punho. 3 notebooks, 66 p., numbered 166–282.   P–442
Unbound.
The notebooks are numbered 22–25, 27, and 28.
On the last page may be read: "E aqui finda tudo quanto tenho a relatar sobre o espolio litterario de Filinto Elysio, [signed] J. F. de Castilho Barreto e Noronha."
Consists of a collection of prose and verse extracts from the work of Nascimento, who wrote under the Arcadian pseudonym of Filinto Elysio.

350
Navarro, Manoel Joaquim. Statement of accounts, certified by the Tabellião Manoel Pinto Lima, concerning "Manoel Joaquim Navarro Capp^{an} Reformado do Regimt^o de Cavllr^a," 1821 Dec. 8. [1] leaf.   P–508

351
Nieto David, 1654–1728. Sermão pregado pelo Ementiss^{mo} Haham R. David Nietto em Londres. Sabat Tesuba. 12 leaves.   P–344
Disbound.
Hebrew characters appear in the title and are scattered through

the sermon. The sermon seems to concern primarily sin and confession.

The text is in Hebrew and Spanish.

352

Nota da exportação, e preços dos vinhos que sahiram pelos differentes portos do reino, para as nossas possessões do Ultramar, e para países extrangeiros nos annos abaixo mencionados (1795–1831). 16 leaves of charts.　　　　　　　　　P–578

The charts show exports to Brazil, France, England, Holland, Spain, Germany, the Portuguese islands, Africa, and Asia. The lowest levels of export are for 1811; no figures are shown for 1797 and 1808.

353

Notebooks in German. [38] leaves, 58 p., 553 p., [17] leaves, 80 p., 52 p., and [23] leaves in 7 notebooks.　　　　　　　　　P–264–70

Six notebooks have leather spines with the initials "M.H." below a crown stamped in gilt on cover.

Titles: 1. ReligionsLehre. 2. AlteGeographie. 3. Arithmetik. 4. Naturgeschichte Wirbelthiere. 5. Naturgeschichte wirbellose Thiere. 6. Naturgeschichte Botanik u. Mineralogie.

The first notebook is inscribed: "Berlin im Juni 1844."

354

Nunes Godinho, Manuel. 1817?–1882. Copy for the text and "Advertencias" concerning the "Commento dos Lusiadas" by M. de Faria de Sousa. Porto, 1869. 2 sheets.　　　　　　　　　P–338

With miscellaneous notes and a business card.

Godinho taught calligraphy in the Escola Académica de Lisboa and in the Ginásio–Godinho, which he founded in 1857. He was also the royal calligrapher.

355

Nunes Godinho, Manuel 1817?–1882. Porto e Minho, bosquejo historico, chorographico, estatistico e descriptivo da Provincia do Minho e Districto de Porto. 5 small bundles, totaling 481 p.　　P–480

Copy for printer.

356

Nunez, José Filippe. Letter to the marquês de Tancos, Corunha, 1816 Oct. 17. [1] leaf.　　　　　　　　　P–551

Previously bound.

Nunez thanks the marquês de Tancos for sending a copy of the edict of the Junta de Saude Publica.

357

Oliveira, Francisco Xavier de, *d.* 1823? Elogio do Illmo e Exmo Snr. Marq^z do Pombal por F. X. O. 350 p.   P−13
Leather spine and corners.

Contains, in addition to decrees, letters, and other official statements: 1. Cartas Regias na fundação da Universid^e de Coimbra do Marquez de Pombal. 2. Epithomo chronologico dos ministerios do Marquez de Pombal nas Cortes Estrangeiras. 3. Elogio funebre nas exequias do Exmo Marquez de Pombal, pelo P^e M^e D^{or} Fr. Joaquim de Sta Anna da Ordem de S. Bento.

An index is at the end of the text.

A slip inserted in the volume reads: "Identified by a reader as by Francisco Xavier de Oliveira, appearing in an alphabetical list of the library of Antonio Lourenço Caminha."

According to Inocêncio (III:93), this work was written in 1772 and published anonymously as *Panegirico do ilmo. e exmo. sr. Sebastião José de Carvalho e Melo, primeiro marquês de Pombal* . . . (Lisboa, 1815).

358

Olivença. Certidaõ de Missas dittas em S. Fran^{co} em Olivença. 20 leaves.   P−485
Unbound.

Consists of signed holograph documents of priests who certified that masses were said on different occasions, ca. 1620−77.

359

Oração em Acção de Graças pela Restauração de Portugal. [31] leaves.   P−174
Leather binding with gilt coat of arms.

Contents: 1. Oração em acção de graças pela Restauração de Portugal; recitou-a na Igreja Matris da Villa de Extremoz o Prior da mesma José Moreira Rodrigo de Carvalho, Conventual de Avis, e Prior Actual de Benovente, etc., assistindo O Excellentissimo General Francisco de Paula Leite, do Senado da mesma Villa no dia 3 de Outubro de 1808. 2. Martins da Costa, Jeronimo. Memorias do Illmo Exmo Snr. José da Cunha Grão Attaide e Mello IV Conde de Povolide do Concelho de S. Mag^e Grão Crus da Ordem de Christo; Gentil Homem da Camera do Princepe D. João, hoje Regente do Reyno, Nosso Senhor, e Prezidente do Senado da Camera da Cidade de Lisboa. Falescido aos 17 de Janeiro de 1722 que vivamente conserva dentro em Sua Alma Jeronimo Martins da Costa. In heroic verse. 3. Macedo, José Agostinho de. Prospecto p^a a Chronica da Caza dos 24; q̃ o p^e Frei Claudio Arrabida sonha dar a luz no anno de [?]. Addressed to "Muito Honrado Snr. Juiz do Povo" and signed "O Juiz da Bandeira."

360

Oraculo das Sinas de todas as pessoas de ambos os Sexos, que p^a seu dezemgano por intercessão das honze Irmans, profere nos elevados Cumez dos mais Celebrados Montez o Planeta Delio Mas Deus Sobre tudo. Lisboa, 1777. 112 p.   P—249

    Leather binding.

    Presents fortune-telling tables, with index to questions which may be answered through the tables.

361

Oraculo dos oráculos sebasticos. 29 p.   P—37

    On spine: Oráculo dos Oráculos Sebasticos. MS.

    Leather binding with gilt coat of arms [O.P.L.].

    Includes verses, writings, and prophecies of Padre Christovão dos Martires, D. Pedro Pirez (one of the papal emissaries of King Dinis), Confucius, Frei Jeronimo Basilio, Francisco de Quevedo e Villegas, and Padre Bartholomeu Salutivo.

    Ca. 1750 (Maggs).

362

Ordem de Avis. Consulta sobre a Concordata e Resposta aos Capitulos, 1613 Dec. 11. [16] leaves.   P—387

    Prepared by the prior mor de Aviz, Dom Carlos de Noronha.

    Includes also "Outro protesto que se fez em nome de toda a ordem sobre a mesma concordata." This protest bears the names of more than one hundred petitioners.

    Copies.

    Noronha published several works on the Order of Avis.

363

Ordem de Avis. Mapa do que produziraõ os Salarios da Secretaria do Mestrado da Ordem Militar de S. Bento d Aviz, 1798—1817. 2 leaves.   P—385

    Prepared by Bento Xavier de Azevedo Coutinho Gentil.

    Unbound.

364

Ordem de Avis. Report of Antonio Pereira de Souza, Escrivão da Contadoria da Ordem de São Bento de Aviz, 1676 Nov. 11. [8] leaves.   P—388

    Unbound signature.

    This is a copy of a report giving an appraisal of the value of the Commenda da Villa de Juromenha during the years 1672—75.

365

Ordem de Avis. Resposta que por Ordem de Sua Mag^{de} dá D. Fr. Manoel de Noronha Prior Mor de Aviz a Reprezentação que fez a mesma Senhora D. João Teixeira de Carvalho, Bispo de Elvas. 11 leaves.   P–389

Deals with a defense made before the Mesa da Consciência e Ordens concerning an accusation of having exposed the sacraments, accompanied by a letter from the bishop of Elvas, to the prior mor of the Order of Aviz, April 28, 1786; and a letter to the bishop of Elvas, May 9, 1786.

366

Ordem de Avis. Statutos do Real Mosteiro de Nossa Senhora da Encarnação da Milicia e Mestrado de Avis. Segundo a Regra do Patriarcha S. Bento da Congregação de Cister. Fundado na Cidade de Lisboa do Legado da Serenissima Infante Dona Maria, filha d'El Rey Dom Manoel. Confirmados por El Rey Dom João, o quarto deste nome. Nosso Senhor ... em o anno de 1642. 145 leaves.
                                                                    P–178

On spine: Estatut[os] da Encarnaç[ão].

Leather binding.

The work is divided into five books: 1. Do Governo Spiritual. 2. Do Prior Mor, Comendadeira, e officiaes do Mosteiro. 3. Das qualidades e Obrigações das freiras e Recolhidas. 4. Da administração da fazenda. 5. Da vizitação do Mosteiro e privilegios.

Inserted in the volume are copies of a group of letters, dated 1706–7, concerning the payment of fees on reentrance to the monastery and a copy[?] of a letter, 1620, concerning the founding of a "mosteiro de freiras da Ordem Militar de S. Bento."

367

Ordem de Calatrava. Modo de vida dos cavaleiros [de Calatrava]. 11 leaves, numbered 16–26.   P–560

This is a sixteenth- or seventeenth-century fragment of a larger work.

368

Ordem de Cristo. Constituiçõens da Ordem de N. S. Jesu Cristo. 474 p. and 12 leaves, numbered 475–486.   P–180

On spine: Constituiçõens da Ordem de Christo.

Leather spine and corners.

The work probably was compiled in the eighteenth century. It covers regulations of the order through September 14, 1784.

Pen-and-ink decorations appear on the title page.

"Taboa dos cappitulos destas nossas constituições," p. 365–73;

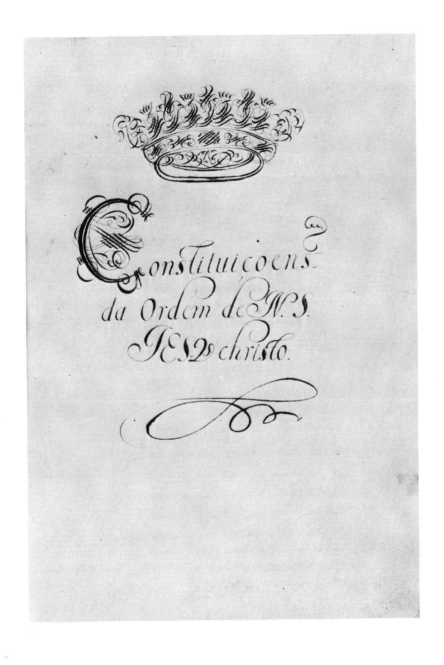

Entry 368. Decorated title page of an eighteenth-century work containing the regulations of the Ordem de Christo.

"Index Alphabetico," p. 379–428; "Rezumo dos preceitos e censuras; que se contem nas leys," p. 429–72.

369
Ordem de Cristo. Constituyções da jurisdiçam ecclesiastica da Villa de Tomar, e dos mays lugares que (pleno iure) pertencem aa Ordem d'nosso Senhor Jesu Christo. [47] leaves.　　　　　　　P–355
Notebook, paper cover.
Rules and regulations concerning baptism, confirmation, communion, extreme unction, matrimony, religious holidays, penance, and other matters.
The "Constituições" were published on June 18, 1554.

370
Ordem de Cristo. Copia da Consulta de 23 de julho de 1816 sobre o requerimento de varios Denunciantes dos Dizimos de certas Igrejas, que por serem Commendas da Ordem de Cristo pertendião Alvaras de Mercê para os tirarem por Demanda a sua Custa dos seus illegitimos possuidores a qual subio para o Governo no dia 23 de julho de 1816. [9] leaves.　　　　　　　P–399
Discussion centering around the crown and its *padroado real*.

371
Ordem de Cristo. Da origem dos tres quartos q̃ os Cavaleiros da Ordem de Christo são obrigados a pagar. 25 leaves.　　　P–393
The three signatures are sewn together.

372
Ordem de Cristo. Document of knighthood, Lisboa, 1691 Nov. 18. 2 folded sheets, damaged.　　　　　　　　　　　　P–487
Documentation certifying the granting of knighthood to Luis da Gama Lobo in the church of Nossa Senhora da Conceição, Lisbon.
Includes testimony of good character by military officers, a letter from the king, and a statement of Frei João Lourenço Chavez, who performed the ordinance, signed by himself and other witnesses.
Also contains documentation for ordination into the same order for Manoel Jozé de Tavora Pimentel Castro e Lemos Zagalo Saltão in Lisbon, 1752.

373
Ordem de Cristo. Em Nome de Deos Amen. . . . 32, 12, and 32 leaves.　　　　　　　　　　　　　　　　　　P–121
Leather spine and corners.

Documents on the conventual affairs of the Order of Christ; 1. Letters and orders dated 1588 concerning the *extinção* and reassignment of the monasteries of Ceiça and S. João de Tarouca. 2. *Regimento* given to Henrique d' Almeida in 1488 when he was sent out as a visitor to the churches of the order. "Maço no. 6." 3. Documents concerning *extinção* of a convent by the Cardeal Infante, dated 1566–67. "Maço no. 18."

Sources are cited.

Glued on inside cover is "Do Principal Castro."

374

Ordem de Cristo. Instrucções e Titulos Primordiaes das Cõmendas, e Bens do Mestrado da Ordem de Christo. 125 leaves.   P–179

On spine: Titul[os] das C[omendas] e Bens da Ord[em] de Chr[isto].

Leather binding.

The lower part of the title page is cut away.

Contains texts of papal bulls and other documents in Latin and Portuguese. Some of the documents are from the Archivo do Real Convento de Thomar.

The last leaf reads: "Os tombos das Comendas, e mais Livros, que se achaõ neste Cartorio conthem as clarezas, que sucintam^te se extrahiraõ, e se achaõ incertas neste Rezumo; e nelle senão trata das que pertencem ás mais Commendas, por se não acharem no mesmo Cartorio os seus respeitivos Tombos, nem delle constar, q̃ fossem tombadas em algum tempo. Convento de Thomar 10 de Junho de 1775, Fr. José de Mello, Guardamor do Cartorio."

375

Ordem de Cristo. Jurisdição da Ordem de Christo [spine title]. Paged I–CCCVIII; 1–303 (beginning with Chapter 16).   P–187

Morocco binding.

"Indice" to contents and note in a later hand.

Covers documents from 1194–1750. Most of the material is organized geographically; sources are cited.

A note on the flyleaf reads: "He egual a um vol. que ha na T. do Tombo, e que hoje se guarda num dos armarios da Casa da Aula de Diplomatica, contendo toda a parte ultramarina dos papeis da Mesa das Tres Ordens Militares (com respeito a Ordem de Christo). O Indice foi feito e offerecida a D. João V pelo Deputado da mesma mesa D. Lazaro Leitão Aranha, que diz ter examinado todas as Bullas, Decretos Resoluções e Assentos desde a creação daquella Tribunal até o anno de 1731. Foi por uma casualidade que descobri isto, depois de muitas tentativas infructuosas para sabel–o; e o mesmo succedera ao antigo possuidor, o Visconde de Paiva Manso, o que não foi possivel achar por emquanto, nem rasto sequer disso, é o paradeiro dos papeis aqui citados. Alcobaça [?] maio de 1883. M^e de ... Barreto[?]."

376
Ordem de Cristo. Letter to the Dezembargador Procurador General das Ordens from Dr. Fr. Dionysio Miguel Leitão Coutinho, Freire Conventual da Ordem de Christo, 1806 Nov. 5, complaining of conflicts in the jurisdiction of judges of the Order in the town of Alvayazere. 2 leaves. P-404
With the letter are copies of letters and decrees dated 1797-98.

377
Ordem de Cristo. Mapa demonstrativo dos Emolumentos dos officiaes da Secretaria da Ordem de Christo pertencentes aos annos de 1798 até 1817 inclusive declarando-se tãobem os ordenados e gratificaçoens. 3 folded sheets of charts. P-400
With a covering letter dated December 18, 1818, from Joze Joaquim Oldemberg, escrivão da Real Camara na Repartição da Ordem de Christo.
Certified on the cover by the Doutor Procurador Geral das Ordens, Meza, December 23, 1818.
Charts show fees and taxes collected for the preparation and registry of certain types of letters and documents.

378
Ordem de Cristo. Memorias historicas [spine title]. Approx. 400 leaves. P-186
Leather spine and corners.
Contents: 1. Collecção de Memorias Historicas da Ordem extincta dos Templarios. 2. Cathalogo dos Mestres Provinciaes da Ordem extincta dos Templarios. 3. Provas da Collecção de Memorias Historicas da Ordem extincta dos Templarios. 4. Collecção de Memorias Historicas da Ordem de Nosso Senhor Jezus Christo. 5. Provas da Collecção de Memorias Historicas da Ordem Nosso Senhor Jezus Christo (includes Constituçõens da Jurisdição Eccleziastica da Villa de Thomar e dos Mais Lugares que pleno jure pertencem a Ordem de Nosso Senhor Jezus Christo).
The text is in Portuguese and Latin.
Dates as late as 1800 are mentioned in the text.
The patrimony of the Knight Templars in Portugal was assumed by the Order of Christ.

379

Ordem de Cristo. Procuração q̃ os Cavaleiros fizerã no Capº geral, q̃ se celebrou em Santarem ao Gram Mestre El Rey Dom Sebastião. 4 leaves.   P−25

On spine: Ordem de N. S. Jesus Christo. Procuração. MS. Leather binding with gilt coat of arms [O.P.L.]. Dated December 11, 1573, and signed by Frey Jeronymo and Fr. Gaspar [?] with eight other names written after crosses.

"Procuration made by the knights of the Order of Marvilla, Santarem in the presence of King Sebastian" (Maggs).

380

Ordem de Cristo. Record of measurement and boundaries of houses and property of commandery of Doutor Christovão Jozé de Friaz Soarez Sarmento, made in 1781 in São Pedro de Veiga, by order of Queen Maria. [94] leaves.   P−171

Leather spine. Mogadouro, March 30, 1782, copy signed by João de Albuquerque.

381

Ordem de Cristo. Relação das Rendas tanto em especie, como em dinheiro q̃ tem o Convento extincto de N. Snrª da Lus da Ordem de Christo. . . . 3 leaves.   P−395

Includes two copies, each in a different hand, and each bearing the name Fr. Antonio de Lemos.

382

Ordem de Santiago. Certidão 1ª das Doaç[oẽs?] Certidão contem em si As Regias feitas a Ord. de S. Thiago [cover title, v. 1]. 3 vols; 98, 182 and 68 leaves.   P−182−84

Leather bindings with gilt decoration. Vol. 1. Certidão primeira contem em si as Doações Regias das Villas, Lugares Terras e Castellos e dos Padroados de mᵗᵃˢ Igrejas com as suas Filiaes e Anexas: todo conferido . . . a Ordem Militar da Cavalaria de S. Thiago da Espada. Palmella, July 20, 1775. Vol. 2. Certidão terceira contem em si Privillegios Regallias e Izençoes concedidas . . . a Ordem Militar de S. Thiago. Palmella, April 15, 1776. Vol. 3. Certidão quinta contem os ascaimbos de mᵗᵃˢ Villas e Castellos com os seos Termos Pertenças e Direitos Reaes Padroados de Igrejas . . . feitos entre os serenissimos Senhores Reys de Portugal D. Dinis, D. Afonço o Quarto. Palmella, March 16, 1777. Each volume begins: "Clemente Monteiro Bravo Freire Capitolar e Presidente do Real Convento da Ordem Militar de S. Thiago da

Espada e nelle Escrivão de Cartorio e Matricolo por Provisão de Sua Magestade Fidelissima."
Signature and index are at the end of each volume.
Sources are cited in the text.

383
Ordem de Santiago. Certidão quarta. Contem em si as cartas dos Serenissimos Senhores Reys de Portugal D. Affonso Quarto, D. Pedro o Primeiro, D. João o Primeiro, e D. Duarte pelas quaes confirmão todos os Privilegios, graças, merces, Foros, Liberdades e Bemfeitorias dadas e confirmadas pelos Senhores Reys seos Antecessores a Ordem Militar de S. Iago de Espada e os seus bons usos e costumes de que sempre usou. Na Villa de Palmella, 1776 Sept. 10. [6] leaves.   P–407
Compiled by Clemente Monteiro Bravo.
The index on the last page cites royal letters from which the summary was compiled.

384
Ordem de Santiago. Charts and tables. 5 leaves.   P–412
Contents: 1. Mapa das Comendas da Ordem de San Thyago . . . de Aviz. 2. Geographical distribution of comendas, names of comendadores, and their respective revenues. 3. Edital. Ordem de São Thiago da Espada, Priorado da Igreja de São Sebastião da Villa de Setubal. [Printed notice, signed Lisbon, September 25, 1829, by João José Roquet Galvão de Mrª, concerning the election of a prior for this church.]

385
Ordem de Santiago. Clemente Monteiro Bravo, Freire Capitular e Presidente do Real Convento da Ordem Militar de S. Iago da Espada, e nelle Escrivão do Cartorio e matricula por Provisão de Sua Magestade Fidelissima que Deos guarde. Villa de Palmella, 1776 June 15. [8] leaves.   P–409
Certified notes from the Livro das Taboas, containing archival records of the order.

386
Ordem de Santiago. Comenda de Santa Maria do Castello, Villa de Almada. Income, 1804–1818. 9 items.   P–411
Documents relating to the income of the comenda during the years 1804–18, signed variously by the contemporary "Escrivão das Fabricas das Igrejas e Comenda" and the "Dezembargador Juiz de Fora de Almada."
Also included in a September 11, 1828, letter to Thomas Cabral

Soares D'Albergaria from the visconde de Maniguedo [?] of the "Secretaria da Fazenda das Comendas Vagas," concerning the posting of the notice of the *comenda*.

387
Ordem de Santiago. Financial report, Lisbon, 1819 Jan. 26. [6] leaves.   P—408
With it is a letter of transmittal from the "Escrivão da Real Camara do Mestrado e Ordem de S. Thiago," Antonio Correia Manoel de Carvalho e Aboim.

388
Ordem de Santiago. Regra, statutos, e diffinçõens [sic] da Ordem de Sanctiago. [135] leaves.   P—146
On spine: Regra de Santiago.
Leather spine and corners.
Copy of the 1509 edition (see Antonio Joaquim Anselmo, *Bibliografia das obras impressas em Portugal no século XVI* [Lisboa: Oficinas Graficas da Biblioteca Nacional, 1926], p. 116 [Z2712.A61]).

389
Ordem de Santiago. Se não ha cousa mais importante e necessaria na vida humana. [87] leaves.   P—170
Leather spine.
A note on the flyleaf reads: "Discuscao sobre a Ordem de S. Thiago."
The work is probably an early nineteenth-century treatise written from historical and theological points of view.

390
Ordem de Santiago. Traslado do seguinte regimento. 1826 Aug. 13. [18] leaves.   P—416
Instructions from the king as master of the Order of Santiago to Doutor Diogo d'Abreu, directing him to inventory the goods and benefices of this order in the towns of Setubal, Alcacer do Sal, Alcochete, Aldeia Galega, and Alhos Vedros.
With it is a document showing the assignment of rights to twelve friars of the Convento de Palmela by action of the Mesa da Consciência e Ordens; a royal resolution of November 27, 1826; and three miscellaneous documents relating to the Order of Santiago.

Ordem de São Bento de Avis. *See* Ordem de Avis.

Ordem Militar de Santiago. *See* Ordem de Santiago.

Order of Christ. *See* Ordem de Cristo.

391

Osório, D. Jeronymo, *bishop of Silves*, 1506–1580. Cartas do Bispo de Algarve, D. Jeronimo Ozorio para El Rey. D. Sebastiam. Primeira sobre o juiz dos feitos da Coroa, lhe escrever em nome delRey não procedesse contra Maximo Diz Feytor das Marinhas, e o não evitasse dos Officios Divinos. Segunda sobre a jornada de Africa. Terceira sobre o casamento delRey em França. 111 leaves.   P–160

On spine: Cartas de D. Jeronimo Ozorio. MS.

Leather binding, gilt coat of arms [O.P.L.].

Contents: 1. Letter to King Sebastian on the payment of tithes to the church by the state, December 13, 1557 [i.e., 1575]. 2. Letter to King Sebastian concerning his plans to go to Africa, December 20, 1557 [i.e., 1575]. The bishop counsels against undertaking this crusade on the grounds that Portugal lacks money and supplies. 3. Letter to King Sebastian concerning the suitability of a French marriage and his possible marriage to Marguerite of Valois, October 12, 1557 [i.e., 1575]. 4. Letter to Padre Luís Gonsalves da Camera, confessor to King Sebastian, concerning the management of public affairs, the position of influence enjoyed by the confessor's brother, and making reference to "um rey captivo de dois irmaõs," no date. 5. Letter from the marquês de Alorna, viceroy of India, to King John V "da gloriosa memoria sobre o arbitrio de diminuir a despeza e augmentar as rendas daquelle Estado, com hum novo sistema do governo," Goa, December 27, 1745. The letter gives a survey of ports and commerce in India.

Letters 2, 3, and 4 were published in *Cartas portuguezas de D. Hieronymo Osorio* (Pariz: Na officina de P. N. Rougeron, MDCCC.XIX [1819]).

392

Pacheco Perreira, Duarte, *d.* 1533. Documents dated 1520 and 1526. [2] leaves.   P–547

Two facsimiles.

Duarte Pacheco was an important Portuguese adventurer and explorer.

393

Paiva, Sebastião de, *frei, d.* 1659. Tractado da Quinta Monarchia, e Felicidades de Portugal profetizadas. Composto pello R^do P^e Fr. Sebastião de Paiva, Lector da Sagrada Theologia da Sanctissima Trindade, natural de Lisboa, Escripto anno de 1641. 224 leaves.

P–26

On cover: Tratado da Quinta Monarchia. MS.

Leather with gilt coat of arms [O.P.L.].

Includes an index of chapters and a list of names cited in the work.

This is the manuscript or a copy of the manuscript that Diogo Barbosa Machado, (*Bibliotheca lusitana historica, critica, e cronologica, 4 vols.* [Lisboa, 1741–59], III:697–98) describes and that Inocêncio (VIII:221) later presumed destroyed in the 1755 earthquake.

394

Paixão, Alexandre da, 1631–1701? Monstruosidades do Tempo, e da Fortuna vistas em o Reyno de Portugal tanto para Argumento da admiração, como para exemplo do dezengano. Succedidas em huma idade, que servirá de espelho em todas a Principes e a Validos. Recopilação de todas as passadas, assim no fausto, como no Tragico, ou porque nella todas se repitiraõ, ou porque nella todas se verificarão. Escritas para os futuros tirarem do maior espanto, o melhor documento. Pellos annos de 1662 até 1685. 342 leaves.   P–4

Leather spine and corners.

The note on the verso of the title page reads: "Este livro segundo o Abbade Diogo Barbosa Machado na Sua Bibliotheca Lusitana foi composto por Fr. Alexandre da Paixão, Monge Beneditino, e Geral da Sua Congregação."

Published in Lisbon: Tip. da viuva Sousa Neves, 1880 and in 1888 (Alexandre da Paixão, *supposed author,* Monstrvosidades do tempo e da fortvna; diario de factos mais interessantes que succederam no reino de 1662 a 1680, até hoje attribuido infundadamente ao benedictino Fr. Alexandre da Paixão, divulgado por J. A. da Graça Barreto [Lisboa: Livraria Tavares Cardoso & Irmão [1888] [DP635. P3]).

395

Palhares, João de Mello, *padre.* Letter begging the king to intercede and prevent his expulsion from the Convento da Cruz, 1830 Aug. 10. [2] leaves.   P–403

Copy.

396

Palma portugueza triumphãte da Emulaçãm e Inveja, em que se excita a sua reforma & Sancto Temor de Deos composto pello L^do p. Bn^do Fran^co Serram da Cunha d'essa da Villa de Pombeiro do Bispado de Coimbra. Composta em Aldeagalega de Ribatejo. Anno do S^or 1706. 246 leaves.   P–138

On spine: Palma Portugueza. Ms.

Leather binding with gilt coat of arms [O.P.L.].

Includes a decorated title page and table of contents.

The marginalia are written in a different hand. Although the work discusses events as early as 1185, the bulk of it deals with the sixteenth and seventeenth centuries.

"An interesting work illustrating the different forms of Government enjoyed by Portugal and her colonies under the different Kings and Princes" (Maggs).

Serrão da Cunha is not mentioned in the Portuguese bibliographies by Diogo Barbosa Machado and Inocêncio Francisco da Silva.

397

Papal brief. In Nomine Domini Amen Junctis. [6] leaves.   P—190
   Leather cover with gilt decoration.
   Papal brief of Pius VI concerning military orders.

The brief is written in Latin, with decorated capitals. The seal attached is dated xi Augusti MDCCLXXXIX [1789].

On last leaf: 1. Acceptance of nomination to post of *juiz* of the military orders by D. Principal Mascarenhas, Lisbon, January 14, 1790, naming Joaquim José Valadares as his *escrivão*. 2. Acceptance of nomination to post of *juiz* of the military orders by D. Principal Castro, Lisbon, September 2, 1791, naming Joaquim José Valadares as his *escrivão*.

Inserted in same cover are: 1. Autos de apresentação de hum Breve do Santissimo Padre Pio Sexto dado em Roma no dia onze de Agosto do ano de mil e setecentos, e oitenta, e nove, decimo quinto do seu Pontificado. Juiz Executor o Exmo e R^{mo} Pr^{al} D. Francisco Rafael de Castro. Escrivão Joaquim Jose Valadares. 1792. [26] leaves. 2. Autos de Apresentação . . . Juiz Executor o Exmo Pr^{al} D. Domingos de Asis Mascarenhas. Escrivão Joaquim Jose Valadares, 1790. 3. Copy of papal brief, royal appointments, and statement dated March 30, 1792, of the D. Principal Castro after he was appointed to replace the Principal Mascarenhas, who died soon after his appointment.

398

Papal Bulls. [169] leaves.   P—378
   Contains approximately thirty papal bulls relating to the Portuguese crown, the church, and the military orders, 1247—1829.

Three are certified copies of records in the Torre do Tombo. One bears the notation "Busca e Papel, $240; Feitio; $960."

Three papers which are concordats or otherwise not clearly identified as papal bulls are included; there is also an index to bulls, *constituições, alvarás,* etc.

399

Para favorecer, e ampliar o Officio e Trabalho dos Lapidarios de Diamantes he servido S. A. R. o Principe Regente Nosso Senr encarregar ao Prezidente do Seu Real Erario para q̃ haja de formar huma nova Administração encarregada do Lavor destas Pedras preciozas, e para ao m[mo] tempo tratar do augmento dos Artistas desta Laboração. [2] leaves.   P–576

Dated Palacio de Queluz, May 4, 1801.

Presents an outline of a training program for diamond cutters with rewards given for the best work and teaching of apprentices.

400

Pastoral que o Illmo e Exmo Snr. Prior Mor da Ordem de Christo, Prelado de Thomar, manda publicar na sua Prelazia. [14] leaves.
                                                    P–397

Concerns pastoral instructions for the clergy and the parish; no date is given.

401

Pedro III, *king of Portugal,* 1717–1786. Funeral documents. [10] leaves.   P–499

Contains five autograph letters from the visconde de Villanova da Cerveira to the marquês de Tancos, dated May 25 and 26, 1786, and a "Relassão d. modo com q̃ se faz o enterro de Sr Rey D. Pedro 3º."

Protocol and ceremonies are outlined in detail.

402

Peninsular War, 1807–1814. Aviso de hum religioso Portuense a seus concidadaons. Porto: Na Typografia de Antonio Alvarez Ribeiro. 2 leaves.   P–555

Manuscript copy.

This work, apparently printed during the period of D. João VI's residence in Rio de Janeiro, voices criticism of D. João and his subservience to British interests.

403

Peninsular War, 1807–1814. Letters concerning the status of Spanish troops, written in 1812. 7 items, [11] leaves.   P–554

Contents: 1. Capt. Richard Crompton to M. Monsr De Chaby, Lisbon, February 22, 1812. In French. 2. Marcos Aurelio Moura to Marquês de Tancos, February 21, 1812. In Spanish. 3. N. Miguel Pr[a] Forjaz to D. Antonio Soares de Noronha, January 10, 1812. 4. João Lobo Brandão de Mend[a] to Antonio Soares de Noronha, February 16, 1812. 5. N. Miguel Pr[a] Forjaz to Antonio Soares de Noronha, February 28, 1812. 6. Manoel Gonçalves Salmon to

Miguel Pereira Forjaz, February 22, 1812. In Spanish. 7. Miguel Pereira Forjaz to Manoel Gonçalves Salmon, February 27, 1812. 8. Visconde de Monte Alegre to Marquês de Tancos, April 6, 1812.

The letters are sewn together in a folder labeled "7 Documentos originais 1812."

Miguel Pereira Forjaz, 9th conde da Feira, occupied important posts during the Peninsular War and helped General Beresford reorganize the Portuguese army.

404

Peninsular War, 1807–1814. Proclamação by "Lord Visconde Wellington, Marechal General, etc., etc., etc.," providing for the punishment of carters who themselves deserted or withdrew their carts from service to the Army. Quartel–General, 1810 Aug. 9. 1 sheet, 3 copies.

Printed broadside.   P–562

405

Peninsular War, 1807–1814. Reports on the state of Portuguese defenses. [76] leaves in portfolio.   P–321

Contents: 1. Relação das Agoas que se achaõ dentro da Tapada no Citio de Nossa Snrª de Ajuda. . . . Includes colored diagram of the waterworks. 2. Relªm dos Fortes, Batarias . . . da Praça de Cascais. 3. Decree signed by General Junot naming the Conde de Norion [Noronha?] Commander at Arms of the City of Lisbon, December 8, 1807. 4. Letter written by Luís Antonio Castellobrᶜº , brigadier general da Praça de Peniche, concerning the state of military preparedness. 5. Report by Francisco de Noronha, tenente general, on arms and fortifications, Setubal, March 1807; with it is a chart of artillery stations, August 1807. 6. Report of an order by the "Governadores do Reyno," concerning the coming of the French troops expected on December 1, 1807, signed . . . de Sampayo, November 30, 1807. 7. Similar report, containing orders to officers to gather at the home of the marquês de Tancos and to prepare quarters for the French soldiers, "expedido as quatro horas da madrugada," addressed "logo, logo, logo," to the corregidor do crime do bairro da Alfama. 8. Exame da Costa de Mar. . . . Report on the sea coast of Lisbon and the district of Cascais by Manoel de Almeida Vasconcellos, governador da Praça, September 1, 1807. 9. Letter to the corregidor do bairro da Rua Nova, November 30, 1807. 10. Letter written on board the ship *Principe Real,* in which D. João VI fled from Lisbon, by the marquês de Vagos, November 29, 1807. 11. Letter from the marquês de Sampaio [written S. Payo] to the marquês de Tancos concerning the quartering of French troops. 12. Letter to the marquês de Tancos concerning the quartering of

French troops and maintaining "armonia," November 29, 1807; with it two letters from the marquês de Tancos, November 28, 1807, concerning the movement of the French troops. 13. Letter from Luís António Castellobr.ᶜᵒ, brigadeiro and governador, to the marquês de Tancos, concerning the expected arrival of the British troops, Praia de Peniche, October 23, 1808. 14. Letter from Francisco António Homem, ministro e secretario de estado, to the marquês de Tancos inciting him to come before the Tribunal da Junta dos Treis Estados da Nobreza to sign the vows of loyalty to his imperial and royal majesty, May 25, 1808. 15. Letter from Francisco António Homem to the marquês de Tancos announcing that the chief of the army will receive the *tribunais* the following day, May 16, 1808. 16. Report of British and Portuguese military actions against the French during 1809, at Oliveira de Azeméis, May 11, Aveiro, May 10, and Coimbra, May 13. On cover: Participações dos encontros do nosso Exercito com os Francezes, com o rezultado das Batalhas. 17. Mappa dos prizoneiros de Guerra, showing prisoners taken from March 1809 to June 1810 and prepared by Martinho Jozé de Perne, major e governador, June 30, 1810, and September 1, 1810. Charts show that two women were among the prisoners taken and list the amount of clothing which was purchased for the prisoners. 18. Mappa do Estado Maior, e mais Pessoas Empregadas na Torre de S. Julião da Barra, e mais Fortes da Sua dependencia assim como de toda a Artilharia, Muniçoens, Pelamentas, Petrechos, Trem, Ferramentos e Generos existentes. Charts of men and supplies dated July 1 and 2, August 6, September 6, October 6 and December 6, 1810, all signed by D. Rodrigo de Lencastre, Tenᵗᵉ Genᵃˡ G. 19. Eleven charts of military enlistments, troops, prisoners, and invalids, 1811–13, for Peniche, Ilha da Berlenga, Fortaleza, and Cascais. 20. Letter from D. Miguel Pereira Forjaz to D. Antonio Soares de Noronha concerning escort for the executor da justiça, September 4, 1813.

Attached to the back of the cover of the portfolio is a map of the seacoast to the east and north of Lisbon bearing notation that it was the official map which served the Portuguese nation during the invasions of 1807 and 1808.

406
Peninsular War, 1807–1814. Royal decree. Lisbon, 1810 July 21, Na Impressão Regia. 1 sheet.   P–561
  Printed broadside.
  Provides for the military punishment of deserters when in active service and restricts the civil provisions of an earlier decree to soldiers who had returned to their local districts.

407

Pensoens que paga a Comenda de Almada em Cada Hum Anno, 1804–1817. [2] folded sheets.   P–523

408

Peragallo, Próspero Luís, *padre,* 1823–1916. Congratulazione dei Cani Al exc^mo Signore Dott Antonio Augusto de Carvalho Monteiro. Omaggio Sincero dell'amico traductore Peragallo. Lisbon, 1893 July 6, 10 leaves.   P–471
   With it is a "Colleção de versos ineditos de poesia portugueza." Twenty leaves. Offered to Carvalho Monteiro "em testemunho de gratidão e de respeito profundo . . . como demonstração modesta do muito que quere a Portugal." Lisbon, December 24, 1890.
   The collection contains poetry of Bernardim Ribeiro, Bocage, Tolentino, João de Lemos, Júlio de Castilho, José de Sousa Monteiro, João de Deus, C. Castello Branco, Luís Guimarães, Maria Amalia Vaz de Carvalho, Fernandes Costa, and Alfredo Avellar, in Italian translation.

409

Pereira de Castro, Sebastião, *frei, 18th cent.* Resposta q̃ deo o Proc^or Geral das Ordens Fr. Sebastião Per^a de Castro sobre hum recurso, q̃ da Meza de consciência, e Ordens interpoz o Marquêz de Alegrete ao [ano] de 1741 mandando a Meza continuar lhe v^a da Carta de Coroa. 467 leaves.   P–85
   On spine: Castro Allegações das Ordem [sic] Militares.
   Leather binding.
   The text is in Latin and Portuguese.
   Presents arguments and regulations on the rights of members of the regular clergy and of the members of the military orders. Includes questions relating to overseas clergy and orders.
   Pereira de Castro was a member of the Colégio dos Militares at the University of Coimbra.

410

Pereira de Mello, Maria Perpetua and Perpetua Augusta. Album of pressed flowers, with notes of places and occasions on which flowers were gathered; dedicated and presented to their father. [8] leaves. [8] leaves.   P–259
   Bound in satin, with cover made of embroidery paper. In a case with hinged locks; inscribed: Recordações de Viagem.
   The collection was made in June and July 1871.

411

Pereira de Silva de Menezes, José do Nascimento, *18th cent.* Dissertação que S.A.R. o Principe Nosso Sr me fez a honra de permitir, que Eu Escrevesse, defendendo, sustentando, e provando as proposições da Minha Informação. A qual Dissertação tive a honra de entregar na Augusta Mão do mesmo Senhor, que pª Eu a fazer mandou mostrar—me os Pareceres dos Referidos Ministros a cujos argumentos responde. [Signed] José do Nascimento Pereira da Sª de Menezes. [60] leaves. P—406

Unbound.

Preceded by 1º Papel, Lisbon, August 19, 1786, signed Francisco Xᵉʳ da Silva e Moura and 2º Papel, Lisbon, October 2, 1786.

The "Dissertação" concerns a question of payment of *tres quartos* on an estate granted by the University of Coimbra.

Other information concerning the same issue accompanies the dissertation, as well as several unrelated documents pertaining to the University of Coimbra, 1677—1824.

412

Pereira e Menezes, Maria José de Sá, *fl. 19th cent.* [?]. Descripção dos ultimos dias da Minha Virtuoza Irmaã e maior Amiga Nina ou O unico alivio da Mª eterna, e viva Saudᵉ 16 leaves. P-222

Leather binding, stamped and gilded.

With it: 1. Letter to Fr. António de S. Boaventura. 2. Letter to Fr. José da Sacra Familia.

413

Pereira Peixoto d'Almeida Carvalhaes, Manuel. As annotações . . . de um catalogo . . . referentes especialmente a "librettos" de "operas" e de "bailes" camoneanos . . . 30 de abril de 1903. 11 leaves.
P—353

Paper cover.

Lists 171 items.

Dedicated "ao sabio e incansavel Camoneanista . . . Dr. Antonio August de Carvalho Monteiro."

Philip. *See* Felipe.

414

Philosophia. 1844. De João Diogo Hartley. [School notes]. 70p.
P—263

Leather spine.

Beginning at other end of volume: Rhetorica. 1844. [103 p., first 8 p. missing] Followed by title page (but not text) for Geographia. 1845. 6º anno.

The bookseller's label appears on the endpaper: "Serafim Glz. das Neves, Rua da Quitanda. N. 174."

415

Pinto Brandão, Tomás, 1664–1743. Obras poeticas, em que se incluẽ hũ papel de prosa, e verso de Thomaz Pinto Brandão. 4º tomo das obras que deixou manuscritas. Extrahidas de hũ livro, q̃ só tinha este titº no rotulo por fora—Obras de Pinto: 3ª Parte ... Organizadas neste volume na ordem que nelle vão e escritas por Antonio Corrª Vianna. Lisboa, 1782. 320 p.   P–126
    On spine: T. P. Brandão. Obras Poeticas. 1782, L.C.
    Leather binding with red and gilt decoration.
    Commissioned and dedicated to Dr. Jayme, duque de Cadaval.
    "L.C." in bookplate.

416

Planetario; divertimento honesto e Recreo da juventude; Contem o Registro das Consultas com 71. sortes e Despacho dos Adevinhos em 16. cazas que serve de passatempo aos curiozos. Traduzido no anno 1691. [7], 71, and [3] leaves.   P–132
    Unbound, colored paper cover.
    A wheel of fortune appears on the verso of the title page. By consulting this wheel the answers to many questions about the future may be found.

417

Plantas d'Austria e Plantas da Ilha de S. Miguel. 15 leaves.   P–519
    Unbound.
    Notes for a list of plants.
    Included is an Herbario do Valorado (Flora Lusitanicae).

418

Poesia e obras varias. Tomo 9º allias 2º 103 leaves [78–95 cut out].
                                                P–15
    On spine: Varias obras 2º
    The poetry of three seventeenth-century poets, André Leitão e Faria, Francisco Manoel de Mello, and Manoel de Leão, is identified. Includes also "Sentença que se leu a Catharina Fernandes em o Auto publico de Fe q̃ se cellebrou em Coimbra no anno de 1728."
    The table of contents is at the end of the text.

419

Poetry. Canticos de Jacob y Raquel. 8as [octavas]. 220 and [36] leaves.   P–141
    Vellum cover, broken metal locks.

The "Canticos," in Spanish, consist of 110 stanzas interspersed with short prose passages. Included also is "El Bocalini" by Don Melchior de Fonseca. Among other poets represented are Tomás de Noronha, João Sucarelo [Claramonte], [António Barbosa] Bacelar, Camões, and António da Fonseca Soares.

The text, in Spanish and Portuguese, begins with "Index do que contem este livro manuscripto."

The note on the flyleaf reads: "Ce volume etait addresse a M. . . . des manuscrits de la Biblioteque Royale a Paris."

420

Poetry. Cinco suspiros da terra . . . 241 leaves.   P–87
   Disbound.
   Collection of miscellaneous poems.
   A section of "Sortes em q̃ Cada qual pode ver a Sua" follows numbered leaves.
   The index of several leaves has been detached and gives the names of the former owner (indecipherable). Contains, among numerous anonymous poems, prose pieces and *entremezes,* and some poems attributed to Jerónimo Baía and Manoel de Azevedo Morato.

421

Poetry. Collecção de Poesias de Camões, Bernardes, Caminha, Sá de Miranda e outros poetas—letras de 1600 [inside cover note]. Approx. 240 leaves.   P–128
   On spine: M.S. Ant. de Cam. Sa M. e Outros.
   Leather binding.
   On the inside cover is found: "Ex Libris Fr. Bernardi a Spe. M.B."
   The text is in Spanish and Portuguese.
   Variants of several published poems are noted.

422

Poetry. Collection of sonnets, romances, décimas, tercets, motes, and glosas. Approx. 300 leaves.   P–193
   Disbound, parchment strips visible on spine.
   Contains material attributed to Baltasar Estaço and Luís de Camões.
   The note on the first leaf reads: "Do R João Baptista."

423

Poetry. Collection of verses. [149] leaves.   P–127
   Leather spine and corners.
   Includes sonnets, attributed mainly to Bocage, a glosa of Lucas José de Alvarenga, and other works by José Agostinho de Macedo, António Xavier, and António Camões Souto-Maior.

"L.C." in bookplate.

The last leaf of the text, on which obscene verses appear, is glued to the endpaper. The verses are discernible when held to light.

The flyleaf reads as follows: "Este livro pertenceo a Manoel Ferreira Lagos de cujo punho é também a copia. 1871." M. F. Lagos, a Brazilian, died in 1871. The flyleaf note may have been written as his estate was probated.

424

Poetry. Instruição de Martim de Castro do Rio a dous F^{os} embarquados na armada a primeyra vez. [60] leaves.   P−195

    Vellum binding.

Contains sonnets, romances, and epitaphs (in verse with anecdotal provenances in prose).

The last seventeen leaves contain "Intytulados e grandes de Espanha e o q̃ tem de Renda."

    Poetry ca. 1620

The text is in Spanish and Portuguese.

425

Poetry. Manuscripto. Tom. 2 and T. III [on spine]. 267 and 451 leaves.   P−144−45

    Leather bindings.

Comprises a collection of poetry, sermons on love, and prophecies. Tome 2 opens with "A castidade de José e incõtinencia da molher de Putifar, por Antonio Serrão de Castro,"; dialogues, interludes, and an anonymous commentary on "O Theatro do Mundo Visivel, by Fr. Bernardino de Sta Rosa" appear in tome III, which opens with: "Sentença que se deu no S^{to} Officio do Padre Manoel Lopes de Carvalho, e se deu no dia do Auto publico da Fé, que se selevrou [sic] na Igreja de S. Domingos em 13. de Outubro de 1726."

An index is at the end of Tome 2.

Tome III is dated 1753.

The texts are in Spanish and Portuguese.

426

Poetry. Poemas [spine title] 382 p.   P−115

    Leather spine and covers.

Contents: 1. Poema do Infante Dom Pedro, o filho del Rey Dom Joã da Glorioza Memoria sobre o men^s preço das cousas do mundo en linguaje castelhana as q̃ este grosa. Julgo que foi composto em 1440. 2. Poema de Luys Annriques ao Duque de Bragança quando tomou Azamor em que conta como foi. 3. Triunfo das armas Portuguezas, deduzido de varios versos do insigne Poeta Luis de Camoens . . . feito a Batalha do Ameixial, ganhada pelos Portuguezes em 8 de Junho de 1663, e impresso no mesmo anno. 4. Quatro poemas a Santa Maria Magdalena de Pazzi. 5. Poema ao Dezerto do Bussaco. Copia de hum antigo manuscripto que possuo, tirada ẽ 1817. 6. Poema a batalha que deo o Francez na Costa do Algarve, por Leandro de Lima, copiado fielmente de hum antigo manuscripto, em 1817. 7. Roubo de Europa poema copiado de hum manuscripto da Era de 1600, o qual existe em meu poder, 1617 [1817?]. 8. Saudades de D. Ignez de Castro. Parte 3ª Julgo que são de Fr. Carlos da Mota Graciano, copiado de hum manuscripto antigo que possuo em 1818. 9. Epilogo das Grandezas da Magnifica e Real Processão de Corpus Christe. Poema copiado do Manuscripto original que existe na Biblioteca Publica em 1818. 10. Poema em dois cantos do Barão Choronekk. Traduzido da proza franceza em verso solto portuguez por D. Catharina Micaella de Souza Cezar de Lencastre. 11. Ludovico Ataidio. L. Andreas Resendious. In Latin. Copiado da Historia da India, no tempo em que o governou Vice Rey Dom Luis d'Ataide, 1617. 12. A Padeira de Aljubarrota; poema Heroico-comico; imitação de la Pucelle por Joze Anselmo Correa Henriques. . . . Hamburgo, 1806.

The copyist's note, following the first item, reads "N.B. A prezente obra foi copiada em 1817 do Cancioneiro de Resende sem se lhe fazer a menor alteraçao na Ortografia; mudei porem nesta copia, tão somente algumas iniciaes de nomes proprios em letras grandes, e acrescentei-lhe a palavra—Poema—no frontispicio, e numerei cada huma das Estancias como se ve. F.T.F.C."

427
Poetry. Poemas [spine title]. 380 p. and index.   P–116
    Leather spine and corners.
    Contents: 1. Parodia do primeiro canto de Camões, composto ao burlesco, composto pelo D^{or} Manoel do Valle Deputado do Santo Officio, e por outros. É copiado fielmente do manuscripto original que existe na Real Biblioteca Publica, em 1816. 2. O Foguetario, He Poema Heroico Joco-serio. 3. Fabula de Daphne Convertida Em Louro, Copiada fielmente de hum Manuscripto que possuo, em 1816. 4. Poema heroico em que descrevendo-se parte da vida do Marquez de Pombal . . . segundo . . . Huson Eidyll. 19. Pantheon Mythic. Part. 6, Pag. 247. 5. Resumo das Crueldades Do Marquez de Pombal. Poema. 6. O Rafeiro, E. A. Canzoada, por José Agostinho de Macedo. 7. A Peidologia, Poema por Domingos Monteiro d'Albuquerque e Amaral [the *Peidologia* was published in Porto, 1836 (Inocêncio, II:194)]. 8. Quixotada, ou Vida de Fr. C[aetano]. 9. Parodia Cam^s Cant. 4º , Est. 94. Imitação . . . da elegiada de Domingos. 10. Lebreida, ou Caçada Real das Lebres por D[omingos] C[aldas] B[arbosa]. 11. Poemas, o Jardim, a Tempestade.

12. Sonho Amoroso, poema. 13. Os cagados, canto unico. 14. As Mullas de D. Miguel, poema de João Baptista Garrett. 15. Serpentomaquia em que se descreve a batalha da Serpe e Drago. Poema de Antonio Lopes Cabral. 16. Jupiter, por Leda, transformado em cisne. Poema de Mendo de Foyos. Dedicado a Senhora Maria Magdalena e Saldanha, Religioza no Convento do Calvario. 17. A Pallas Luzitana; poemazinho Heroico Em o faustissimo dia Natalicio Da Serenissima Senhora Infante D. Marianna.

428
Poetry. Os Threnos ou Lamentações de Jeremias. [23] leaves.
P—440
The unbound signatures are written in one hand.
With it are: 1. Psalmo 112. 2. Cantico de Azarias. 3. Primeiro Cantico de Moises.

429
Pombal, Sebastião José de Carvalho e Melo, *marquês de,* 1699—1782. Decimas em que se manifesta a Confissão do Marquez de Pombal pelos Preceitos do Decálogo. [Approx. 300] leaves.   P—443
Consists of a collection of verses, extracts of letters, etc., concerning the marquês de Pombal.
Probably an eighteenth-century collection.

430
Pombal, Sebastião José de Carvalho e Melo, *marquês de,* 1699—1782. Documents. [5] leaves.   P—505
Contents: 1. Order for payment of money to Pedro André da Franca Telles Corte Real, November 22, 1771, signed by the marquês de Pombal. Original and certified copy dated January 19, 1819. Letter to the marquês de Alvito, quartel general de Bom Soccesso, March 7, 1771.
With them is an order to the corregedor de Faro, commissioning him to perform some business concerning property records, Lisbon, April 17, 1801, with the signatures of the marquês de Valença and the marquês de Lavradio.
On the cover folder is the following: "Manuscriptos autographos: Marquez de Pombal, Marquez de Valença, Marquez de Lavradio."

431
Pombal, Sebastião José de Carvalho e Mello, *marquês de,* 1699—1782. Homenagem. Centenario do Marquês de Pombal, 28 de maio de 1882. Homenagem do Cruzeiro. 1 large sheet.   P—548
This sheet, printed on both sides, contains poems, articles, and advertisements.

432

Porto de S. Murtinho, 1794 [cover title]. 80 p.   P—158

Leather spine and corners, with gilt coat of arms.

Contains an appeal to Queen Maria, requesting her patronage for the port of São Murtinho and giving a detailed description of the harbor and economic life of the town, which is on the Extremadura coast of Portugal. São Murtinho's harbor was becoming sand-blocked and was in need of extensive dredging. The text begins with a report by Guilherme Stephens, ordered by the queen, to the Real Junta de Comercio, Agricultura, Fabricas e Navegações, and includes Stephens's plans for saving the port.

Three colored folding maps by Luis d'Alencourt show soundings, towns, *quintas,* and roads.

A note inside the front cover reads: "Comprado a hum ferro velho em 22 de Dezembro de 1855 por 1.200 reis . . . Joaquim Pedro Celestino Soares."

433

Pregação feita por hũ Religioso zelador da Rep^{ca} Portuguesa, dirigida aos tres estados do Reyno, sendo El-Rey D. Sebastião minino. 209 leaves.   P—2

On spine: D. Sebastião. MS.

Leather with gilt coat of arms [O.P.L.].

Consists of Sebastianist and other prophecies in prose and poetry, accounts of jousting tournaments and celebrations (sixteenth and seventeenth centuries), various letters, poems in Spanish and Portuguese by Camões, Góngora, Bernardo de Brito, Fr. Thomas Aranha, and Simão Torresão Coelho.

"Taboada das cousas contheudas neste livro" follows the text.

434

Os Privilegios do Inglez nos Reynos e Dominios de Portugal Contheudos No Tratado de Pas Concluido por Oliveiro Cromwell e em varias Leis, Decretos, etc. a diversos tempos e sobre differentes occasiões Feitas Pellos Reis de Portugal em favor Da Nação Ingleza que são Cousas absolutamente necessarias para saberem todas as Pessoas que em algũa parte são interessadas no largo negocio e trato que agora ha entre as duas Nações, Ao que se ajuntou a nova Ley d'el Rey de Portugal tocante aos Diam^{tes} q̃. se achaõ no Brasil. Imprimindo [sic] na Lingoa Portuguesa e Ingleza, Londres, 1736. [44] leaves.   P—11

On spine: Privilegios do Inglez Nos [sic] Portugal. Londres, 1763. M.S.

Leather spine and corners.

The note at the head of the text reads: "He do Manoel An^{to} Alvaro P^{to} da Fo^{ca}."

435

Profecias [spine title]. 94 leaves.   P–1
    Leather binding with gilt coat of arms [O.P.L.].
    Presents a collection of Sebastianist works, beginning: "O povo luzitano, conserva natural lembrança. . . ."
    Authors include: 1. St. Rozendo, 1350. 2. St. Cezario, 1542, *ex Liber Mirabilis* [a unique book in the royal French library]. 3. St. Isidoro, archbishop of Seville. 4. The Holy Hermit of Monserrate. 5. St. Anselmo, 1278. 6. St. Francis Xavier. 7. S. Theotonio, 1150, first prior of Santa Cruz de Coimbra.
    The convent of Tibães reportedly had the original of this work.

436

Profecias do Preto Japom escravo do Cap^m Baltezar de Souza Godinho q̃ se acharaõ por morte dele debaxo de sua cama em hũa folha de lata em 13 de 8tr^o de 1439 na Vila de Certão. 144 p.
                                                P–17
    On spine: Prophecias. MS.
    Leather with gilt coat of arms [O.P.L.].
    Consists of a collection of prophecies and other writings on King Sebastian and the future of Portugal.

437

As profecias propriam^{te} taes são infaliveis por serem luzes e testemunhas do Espirito Santo. 34 leaves.   P–212
    On spine: Profecias.
    Leather with gilt coat of arms [O.P.L.].
    Includes, among other prophecies, "Papel em q̃ se prova a vinda de El Rei D. Sebastião pelo P^e Ant^o Vieira da Companhia de Jezus."

438

Programma do festejo que pelo faustissimo anniversario de sua protectora, a Rainha Fidellissima a Senhora Dona Maria II. Lisboa na Imprensa Nacional, 1840. 35p.   P–295
    Notebook, unbound.
    Presents a draft of what was probably a printed program of drama, music, and dance, with names of performers.

439

Provisão concedida por El Rei D. Sebastião ao S. Off. em 26 de Fev^o de 1571. [5] leaves.   P–69
    On spine: Provisões, Alvaras. M.
    Leather spine and corners.
    Includes copies of royal decrees of King Sebastian, D. João IV, and "El Rey Cardeal." The earliest decree is dated 1562.

440
Quadro comparativo dos estudos preparatorios precisos para os differentes cursos nas Escholas superiores. Folded sheet.   P–534
This table shows degrees, required courses, type of examination, and years of study required.
Ca. 1865.

441
Raggionamento di Carlo V. Imp^{re} al R^e Filippo suo figliolo nella consegnation del governo de suoi stati e regni. Dove si contiene comi si debba governare, nel tempo della Paci e della guerra. Parti Prima Del tempo della Paci. 99 leaves.   P–536
Unbound signatures, written in different hands.
The several fragments of texts in Italian concern seventeenth-century affairs.
Other signatures are headed "D'Anversa Li 26. Settembre, 1654"; "A di 17. ottobre 1622," and "Pio . . . vedendo l'imminente rouina d'Italia dallo sforzo frances e o delibero congiungere di Ammi . . . Re Alfonso contro ello. . . ."
Political writings.

442
Ramalhete Copiozissimo, Deleitozissimo, e Fragrantissimo; de Flores de profecias, revelaçoens e prognosticos . . . com a suspira da vinda do seu bom Rey encuberto. L^{xa}, anno 1808. 518 p.   P–54
Leather binding, metal clasps.
Tinted illustrations.
The manuscript begins: "Os tempos mais esfaimados prometem grandes farturas."
Index.

443
Ramalhete de Flores de Profecias, Revelaçoens, Vizoens, Ilustraçoens, e Prognosticos. . . . Lisboa, 1809. 441 p.   P–55
Leather binding, with gilt coat of arms [O.P.L.].
Contains pen-and-ink illustrations.
Index.
Variant of previous entry.

444
Ramalhete de varias flores, offerecidas ao Conde de Sabugal D. D^{te} de Castello Branco por seu A. Fernão Pires de Castello Branco, 1605. 188 leaves.   P–221
The work is disbound and in fragments, but appears to be complete. Fore-edge stamped and gilded.

A note inside the endpapers reads: "Da Livraria de Pereira e Souza."

The work is dedicated "Ao snhor dom duarte de Castelbr.^{co} Conde do Sabugal Meirinho mor deste reino e prior dos governadores q̃ foi delle do conselho do estado e o veador da faz^{da} escritta com . . . desta quinta do Seixal o 1º de dezembro 1605."

Contains allusions to classical and religious figures, historical notes on Greco-Roman antiquity, and an anthology of proverbs taken from the classics and church fathers.

445

Razoes que o Conde de Obidos D. José de Aviz Mascarenhas tem para se não obrigar a divida da Casa da Misericordia, nem fazer consignação alguma, por conta dela (que he o mesmo q̃ reconhecer a obrigação) sem que primeiro . . . aclarem as duvidas que nesta materia ha, e são as seguintes. . . . 8 leaves.　　　　　P–515

Presents a statement of his father's mortgages and action taken by the Mesa da Misericordia in 1770. The earthquake of 1755 is also mentioned.

446

Rebello, Amador, 1539?–1622. Rellação da Vida de El Rey D. Sebastião nosso Senhor primeiro deste nome em Portugal, e XVI delle, na qual se trata, do Nascimento, Criação, Governo, e das Idas q̃ fez a Africa, e da batalha q̃ deu a Muley Maluco, do fim, e successo della, escripta pelo P^e Amador Rebello da Companhia de Jesus, Companheiro q̃ foi de seu Mestre Luiz Gonçalves da Camera, e q̃ o ensinou tambem a ler, e escrever, e lhe reppetia as liçoens. Deste author faz menção a Biblioteca de Barbosa Tomo pr^o pagina 225. Copiada fielm^{te} do seu antigo original por A. L. C. Lisboa, anno de 1793. 210 leaves.　　　　　P–89

On spine: Vida del Rey D. Sebastiao. MS. 1793

Leather with gilt coat of arms [O.P.L.].

The manuscript begins: "Pelo discurso deste livro, se verá como o criou D^s pera por Elle obrar."

Index, leaf 209.

The compilation date is 1613 (according to Diogo Barbosa Machado, *Bibliotheca lusitana, historica, critica, e cronologica,* 4 vols. [Lisboa, 1741–59], I:225).

447

Reception et marche d'Infante Reyne, le jour de son arrivée a Paris. [6] leaves.　　　　　P–147

On spine: Reception de l'infante Reine a Paris. Paris, 1722.

Leather spine and corners.

Gives an official account of the reception of the queen infanta, describing her arrival and official welcome. A complete schedule of the ceremonies is outlined, Sunday, March 1–Thursday, March 12, 1722.
"Mercredi"—Jour de repos."

448
Recopilaçam Genealogica da Familia de Rangel, q̃ comprehende todas as casas que della procedem, por Varonia, ou alianças neste Reyno de Portugal, multiplicadas, e devididas por todas as Provincias delle, rezumidamente tractadas em Arvores de Costado com algumas noticias antigas, e memorias proveitozas com grande trabalho descubertas em documentos autenticos, e provadas com testemunhos, e monumentos de inviolavel fé, offerecida por seu Autor, ao Senhor Luiz Ignacio Pereira Coutinho de Vilhena, Fidalgo da Casa Real, e Cavalleiro de Graça da Ordem de S. Joaõ de Malta. Anno de 1748. 4 vols.; 154, 225, 251, and 291 leaves.   P–164–67
On spine: Recop. Geneol.
Leather bindings with gilt decoration.
On verso of the title page of Volume I reads: "É de Luiz Pereira Coutinho de Vilhena Guedes da Casa da Gervide de Loureiro o que lhe deixou seu Tio João Pereira, Irmão de Sua May. É de José Felippe de Vilhena e Sz^a , herdeiro de Luiz Pereira Coutinho de Vilhena Guedes." Includes charts showing several generations. The preface indicates an intention to prepare a fifth volume on the Pereira family, if time permitted.
Letters to Luiz Pereira Coutinho de Vilhena Guedes and Joanna Candido de Vilhena e Pr^a , dated 1848–52, are inserted in volume III.

449
Regimento das jugadas de Santarem. 11 leaves.   P–155
On spine: Regimento das jugadas de Santarem. MS.
Leather with gilt coat of arms [O.P.L.].
Comprises regulations for taxing lands, issued by the queen from Lisbon, 1559.
The title page is stamped: "Ex libris; Pedro de Carvalho Burnay."
The elaborately decorated title page is marked "Macedo fecit."
The note "Balthezar de Ponte o fez em Lisboa aos 25 dias do mez de Março de 1559. Eu Alvaro Pires o fiz escrever. A Rainha" appears at the end of the text.

450
Regimento de que ham de uzar os Provedores Thezoureiros e mais Off^{os} da fazenda dos defuntos e abz^{es} de Guiné, Brazil, Minas, Ilhas

ALUARÁ

E U EL REY
ç Saber aos que este meu Alvará virem, que Sendo
informado do muito que Com vinca ameu Serviço,
ebem das partes mandar dar Regimento aos Offici-
ais das fazendas dos defuntos é auzentes, man-
dey emendar é Reformar, algumas Couzas, que
não estavão bastantemente providas nos Regimentos antigos, e Couve por bem mandar fazer sprez,
Regimento de que Uzararão os Provedores Te-
soreiros Escrivaes é mais sficiaes da fazenda
dos ditos defuntos e auzentes de Guine Brazil
Mina Ilha dos Assores emais partes ultrama-
rinas namaneira Seguinte.

Entry 450. Decorated lettering from a 1712 book of regulations.

128

dos Assores e Mais partes Ultramares. Lisboa, 12 de Mayo de 1712.
54 leaves.   P-102
  Leather binding.
  Decorated capitals appear in the text. Later *provizões* were added
in 1736 on the last leaves of the text, and an explanatory note was
added before the title page, signed Fran^co de Araujo e Souza, concerning these regulations.
  The table of contents precedes the numbered leaves.

451

Regimento do Maoposteiro Mor dos Captivos e a legislação que lhe
diz respeito. 109 leaves.   P-19
  On spine: Legislação Sobre Captivos. MS.
  Leather binding with gilt coat of arms [O.P.L.].
  Consists of decrees issued by the kings of Portugal concerning the
imprisonment and ransom of captives, ca. 1515–1635.
  Contains autographs of Sebastião de Carvalho, Antão de Mes-
quita, Francisco Pereira Pinto, Miguel Maldonado, and Marcos Roiz
Tinoco.
  The index at leaf 107 reads "Rol das provizões passadas em favor
dos captivos."

452

Regimento do Mestre D. Iorge. 18 leaves.   P-384
  Paper cover.
  Copy of rules and regulations for the convents of Avis, laid down
by D. Jorge, son of King John III, on August 20, 1546.
  Bound with it is "Estatutos de Collegiado de São João Baptista da
Villa de Coruche" (28 leaves), a compilation of statutes prepared by
Doutor Frei Manoel Carneiro de Faria Pereira at the direction of
Queen Maria I. Copied in Lisbon, signed January 8, 1798, by Bento
X^r Az^do Cou^to Gentil. . . . Each page is embossed with an official seal,
"Causa Publica," showing payment of twenty reis.

453

Regimento dos Medicos e Boticarios Christaõs Velhos que anda
junto aos Estatutos da Universidade de Coimbra. Confirmados por
El Rey D. João IV em 1653. Coimbra, Officina de Thomé Carvalho,
Impressor da Universidade, 1654. 17 leaves.   P-518
  The manuscript begins: "Eu ElRey, como Protector que sou da
Universidade de Coimbra, faço saber . . . que ElRey Dom Sebastião
. . . ordenou que para o bem commun destes reinos houvesse sempre
na Universidade de Coimbra trinta estudantes Christãos velhos."
  Inserted is an excerpt from the published *Ordenações filipinas*
(1603), with reference to *boticarios*.

454

Regimento Sobre a ordem q̃ se ha de ter no Resgate Geral. 162
leaves numbered 62–223.   P–194

The front cover is missing.

Includes copies of royal decrees, letters, bishops' petitions, and
proclamations concerning military orders and hospitals, ca.
1512–1603.

A typed index is inserted at leaf 177.

455

Register. Dos officiaes do Regim^to da Cavr^a da Praça de Campo
Maior, que val de prim^ro de Janr° de 1782 . . . ate fim de Dez^ro de
1781. 99 leaves.   P–225

On cover: Livro 4 Auziliar Regim^to da Cav^a da Praça de Campo
Mayor.

Vellum binding.

Each leaf is signed "Soares."

Consists of records of officers and payments to them, containing
general information on their army careers.

The note on the last page reads: "Tem este livro noventa e nove
folhas, excluza a da Começão, todas por mim numeradas, e rub-
ricadas. Elvas, 14 de Setembro de 1785, Fran^co Jose Soares."

456

Register. Records of company commanded by Capitão Mor Domingos Ribeiro of the province of Alentejo. Approx. 150 leaves.
                                                           P–224

On spine: Homen: Comp^a a de Domingo Ribr°

Vellum binding.

Gives names of soldiers, their food, equipment, supplies, expenses, and accounts.

Labels on cover: 1. L° de mostra da companhia do Capitão
Domingos Ribeiro de 1° julho 1707 a 25 março 1714. 2. N° 735 no
Archivo do Tribunal de Contas, Relação N° 15^a. 3. N° 1250 na
commissão eventual do Archivo.

The note on the second leaf of the text reads: "Tem liquidação
das cargas das Armas na Lista Reformada de Granad° do Regim° de
Josephe Homem e tem vencim^to por não ter tirado o remate de
contas the hoje 9 de out° 1724."

457

Register. Reg[isto] do testam. do fe de Officios do M^stre de Campo de
Aux^es M^el Coutt° [Coutinho] Pr^a Approx. 150 leaves.   P–223

On cover: Livro 4° do Registo das ffes de officios. . . .

Entries are made by Francisco Miguel, Vedor e Contador da

130

Gente da Guerra. Records cover the Provincia da Beyra.

Three labels appear on the cover: 1. . . . Navedoria da Beira desde 1º de Janeiro 1700 a 18 de julho de 1705. 2. No. 604 nos Archivos de Tribunal de Contas, Relação nº 12ª . 3. No. 667 Na commissão eventual do Archivo.

458

Registo da carta de Examinaçam de Fr.^{co} Mrz̄ Motriº [?]. 260 leaves.

P—282

Torn parchment cover.

Register of letters includes "provizões, cartas, privilegios, alvarás," etc.

The first entry is dated Villa de Cascaes, February 7, 1626.

Leaf numbers are added, "Lopes 1, Lopes 2, etc.," where not torn, in upper right-hand corner.

459

Registo das Mercês, e Doações dos Reys de Portugal desde o Conde D. Enrique, e a Rainha Dona Thereza sua m^{er} athé El Rey Dom Duarte, e fora do seu governo e doações tras algumas del Rey Dom Sebastiam, e tambem del Rey Dom M^{el} , ainda q̃ poucas. 294 leaves.

P—90

On spine: Regist das M^{es} dos Reis d. Port.

Vellum cover.

The entries generally fall within the fifteenth century.

"Taboada dos Apelidos que ha neste libro," leaves 280—89, carries approximately five hundred names.

"Taboada segunda de Dignidades eclesiasticas e seculares, officios, mosteiros e lugares que se nomeaõ neste libro," leaves 290—94.

460

Relaçam, em que se trata, e faz hũa breve descrição dos arredores mais chegados à cidade de Lisboa & seus arrebaldes, das partes notaveis, Igrejas, Hermidas, & Conventos que tem, começando logo da barra, vindo corrẽdo por toda a praya até Enxobregas & dahi pella parte de Cima, até São Bento o Novo. Com Licençã, Em Lisboa, por Antonio Alvares, anno 1625. [32] leaves.   P—535

Unbound signatures.

This is probably a copy of a printed work.

461

Relação das Commendas, e Alcaidarias Móres das Tres Ordens Militares, que se arrematarão no Tribunal da Mesa da Consciencia e Ordens, em o corrente anno de 1832, com a declaração dos preços dos respectivos Contratos, tempo da sua duração, e vantagem resul-

tante para Real Fazenda, pelo accrescimo do rendimento das mesmas Commendas, e Alcaidorias Móres, em comparação com o termo medio dos seus ultimos rendimentos. 4 printed broadsides.   P—415
Issued by the Visconde Manique do Intendente, Lisboa, Na Impressão Regia, anno 1832.
The table shows that some men held as many as three of these contracts.

462

Relação das pessoas que se retirão de Portugal, concedendo-lhes El Rey Nosso Senhor licença limitada, que se acha finda . . . 1828–1829. 2 leaves.   P—580
With it is the manuscript "Relação dos Rebeldes Portuguezes q̃ d Inglaterra vierão ao Porto, promover e auxilliar a revolução." Among the rebels were the marquês de Palmella and two men named Thomas Stubs.
Both documents are signed "Na auscencia do Official Maior," by Manoel Simoens Baptista.

463

Relação do Facto de Extremós, succedido entre João Jacob Mestral Coronel do Regimento, que guarnece aquella Praça, e Calvinista de culto: e Fr. Filippe Travaços, Religiozo Paulista, pregando em Sexta feira de Paixão na Igreja de S. André da mesma Praça. No anno de 1789. 60 leaves.   P—118
Leather binding.
Bound with it is the "Oração sobre o Enterramento de Nosso Senhor Jesus Christo composta pelo Mestre Fr. Filippe de Sant'Iago Travassos, Eremita de S. Paulo. Pregada em diversos annos na cidade de Lisboa nas Freguezias de S. Catharina e de S. João da Praça; na Igreja dos Paulistas e ultimamente no anno de 1789 na Parochial de S. André da Praça de Extremoz."
Contains doctrinal discussions.

464

Relação verdadeira do que se tem praticado com as Religiozas Maltezas chamadas da Penitencia, do Convento de S. João Baptista da Villa de Estremoz, para se descobrir a sem razão das queixas e se devanecerem as que se espalharão por toda a parte, affirmando-se com menos verdade, q̃. se-lhe introduzio hũa reforma, ou novo sistema de vida. 31 leaves.   P—299
Blockprinted paper wrappers.
This is an early nineteenth-century document.
"Detailed account of the Order of the Nuns of Malta, with its

founding and a description of its rules" (Maggs).
Several Latin documents are included.

465

Relatione di Venetia fatta da D. Alfonso della Cueua Conte di Benamar gia Ambasciatore residente in essa Republica a Maesta del Re Cat^{co} Filippo III des 1619 hoggi Card^l di Sta Chiesa. 294 leaves.
P−72

On spine: Miscell. P 8.
Parchment binding.
"Ex Libris: Vincenty Roscioli" appears on the inside of the cover.
Includes also: 1. Instruttioni Data da D Alfonso della Cueua gia Ambasciatore Cattolico in Venetia hoggi Cardinali a Don Luigi Bravo suo Successore. 2. Relatione vle delle cose di Venetia fatta da Don Alfonso della Cueua Amb^{re} di Spagna hoggi Card^{le} 3. Instruttione piena della Cose di Portogallo . . . coadiutore de Bergamo Nuncio in quil[?] Regno. 4. Relatione del Regno di Portogallo, et sua historia sin all' ultimo Re Sebastiano morto in Battaglia l'anno 1578.

466

Rellação da Morte e emterro do S.A.R. o Serinisimo D. Antonio Principe da Beira. Em 30 de Maio de 1801. [4] leaves.   P−292
Unbound.
Describes illness and royal burial. A copy of the Latin inscription is on the casket.
This prince died of chicken pox at six years, two months, and twenty days of age.

467

Resposta do Presid^e in Capita. 62 leaves.   P−557
Unbound.
Consists of a summary and copies of letters, provisions, etc., covering jurisdictional and administrative matters regulating the Convent at Tomar, 1344−1820.

468

Resumo da Descripção da Real Capella de S. João Baptista Erecta na Igreja de S. Roque e Mandada fazer em Roma por El-Rey Dom João Quinto. Printed sheet.   P−341
Presents a description of the stone mosaic chapel built in 1744 in St. Peter's in Rome and transported to Portugal in 1746.

133

469

Revelaçoenz da Veneravel Madre Leonor da Conceição. 8 leaves.

P-3

On spine: M.R. L. da Conceiçõ. Revelaçõens. MS.
Leather with gilt coat of arms [O.P.L.].
Also contains other prophecies and visions.

470

Ribeiro dos Santos, Antonio, 1745–1818. Carta sobre a Bucolica de
Camões. 11 leaves.   P-359
Unbound signature numbered Ms G–5–39, Obras MS do Dr.
Ribeiro dos Santos, volume 125.

471

Ribeiro dos Santos, António, 1745–1818. Notes and commentaries
on Camões. 25 small notes. 2 folded leaves with smaller pieces, approx. 30, attached with thread.   P-368
In a folder marked "Varias memorias e outras escriptas."

472

Ribeiro dos Santos, António, 1745–1818. Reflexões sobre a Bucolica
ou Eclogas de Luiz de Camões pelo Dr. Antonio Ribeiro. [7] leaves.

P-358

The notebook is marked: vol. 73, G–3–77.

473

Ribeiro Saraiva, António, 1800–1890. Copia authentica d'uma carta
escripta de Londres por Antonio Ribeiro de Saraiva a Joaquim Martins de Carvalho, para ser publicada no Conimbricense (o que não
succedeu). London, 1880 June 5; Coimbra 1881 Sept. [5] leaves.

P-375

Contains sonnets to Camões.

474

Ribeiro Soares, Lourenço, 1666–1735?. Carta q̃ o Capp^am Lourenço
Ribeiro Soares escriveo da Armada ao Coronel Dom João Francisco
Xavier de Castro dando lhe conta de algumas cousas q̃ sucederão na
viagem este presente anno de 1717. Relação da Armada qu. S.
Magd^e mandou a L'Italia em socorro dos Veneziannos a qual man-
dava o Conde do Rio Grande Loppo Furtado de Mendonça este
presente anno de 1717. Romance. [19] leaves.   P-565
Unbound.
Comprises 189 four-line stanzas.
Presents an account of Portuguese naval action aiding the Vene-
tians against the Turks, giving names of ships and men and describ-

ing routes in some detail. For a notice of the same poem with a variant title, see Diogo Barbosa Machado, *Bibliotheca lusitana historica, critica, e cronologica,* 4 vols. (Lisboa, 1741–59), III:39.

475
Rodrigues da Costa, Matheus Gregório, *fl. 18th cent.* Monoclea Poetica, cantada pela rouca voz de seu author, Poeta Lisbonense. Anno mdccxxi [1721]. 275 p.   P–125
  On spine: Monocl. Poetic.
  Leather binding.
  On first title page: Este poema he de Matheus Gregorio Rodrigues da Costa, por que o comprou na supposição de ser o original.
  The initials MARC and 1843 are written in black-and-white decorations on the title and final pages.
  Pages 92–275 contain a "Comento a Monoclea . . . pelo seu mesmo autor." Marginalia in text give references to the commentary.
  "Index dos Monoclos, que foraõ Reys na terra dos Cegos, e de alguns, que forão Pertendentes à Coroa, e de outros que a não pertendem, todos monoclos. Tambẽ se faz menção de alguns vassallos cegos illustres," p. [85].

476
Rodriguez, Domingo José, *fl.* 1889–1891. Certificate of his illness in 1889 June and July; dated 1891 March 29, signed José Luiz L[?] [1] leaf.   P–543

477
Sabino, Joaquim José, *d.* 1843. Tragedia de D. Ignez de Castro, composto pelo Bacharel Joaquim José Sabino. 1812. 44 leaves.
                                                          P–453
  Notebook, unbound and worn.
  The play is in five acts.
  Sabino later published *Nova Castro: Tragedia* (Lisboa: Na Impr. Regia, 1818).

478
Saldanha, João Carlos de Oliveira e Daun, *1. duque de,* 1790–1876. A British tribute to the memory of the Illustrious Duke of Saldanha. 1 leaf.   P–293
  Black-bordered single sheet.
  Signed "Lewtas & Lewis," December 12, 1876, and addressed to the marquês de Sousa.
  The duke of Saldanha fought with Wellington at Bussaco.

479

Samodães, Francisco d'Azevedo Teixeira d'Aguilar, *conde de,*
1828–1918, Presidente da Sociedade Nacional Camoneana. Letter
to António Augusto de Carvalho Monteiro, Porto, 1903 22 August. 1
leaf.   P–479
   The conde de Samodães presents a book recently published by the
sociedade to Carvalho Monteiro.

480

Santarem, *visconde de.* Documento official do Ministro e Secretario
do Estado dos Negocios Estrangeiros Visconde de Santarem para o
Marechal General Duque de Cadaval em o qual lhe remeta a queixa
feita ao governo portugues pelo consul geral da Gran Bretanha R. B.
Hopper, sobre o insulto feito ao subdito inglez Charles Milton
Gravely, 1831. 3 leaves.   P–577
   Concerns an attack on Gravely by a batallion of Royalist volun-
teers who bayoneted him and left him for dead.
   With it is a charge by the duque de Lafões to resolve the matter
immediately or risk offending Great Britain.

481

Seabra da Silva, José, 1732–1813. Letters. 10 items.   P–391
   1. Letter and instructions to Snr. Principal Mascarenhas, January
2, 1790, Paço and Palacio de Nossa Senhora de Ajuda, December 22,
1790. 2. Nine letters to Principal Castro., July 21, 1792, to March
23, 1798, written at the Palacio de Queluz and at the Paço [Lisbon].
Two letters bear marks of registry; most of them concern the payment of allowances and the assignment of benefices.

482

Seabra da Silva, José, 1732–1813. Letters, documents and decrees.
[11] leaves.   P–500
   Sewn signatures.
   1. Order of D. João VI, prince regent, ordering the ministro de
estado dos negocios do reino Seabra to leave Lisbon to go to his
Quinta do Canal within three days and not to leave there except at
the order of the regent, Queluz, August 5, 1799 [2 documents].
2. Royal letter of May 13, 1796, giving Manoel Maria Coutinho
Pereira de Seabra da Silva the title of visconde da Bahia de Todos os
Santos, by virtue of his mother's descendance from a Brazilian
donatário, Francisco Pereira Coitinho [Coutinho]. 3. Royal decrees
recalling José de Seabra da Silva from exile, 1777 March 3. 4. Letter
from José de Seabra da Silva to Secretário do Estado Martinho de
Mello e Castro, Bahia de Todos os Santos, February 6, 1778. Other
papers relating to his return to Lisbon are included.

483

Sebastianismo; colleção de varios escriptos apologeticos e confir-
mativos da Vinda de D. Sebastião, Rei de Portugal, compilada e
escripta por João Gonçalves d'Araujo, Mestre latoeiro de folha
branca da Fundição em 1826–1827. 5 vols. 172, 170, 150, 429 p.,
and [58] leaves.   P–73–77
  On spine: Jo Gonçalves d'Araujo. Sebastianismo, 1826–1827.
  Leather binding with gilt coats of arms [O.P.L.].
  Contains writings and excerpts from most major apologists of
Sebastianism.
  Volumes 1–4 have indices.

484

Sebastianist drama. [40] leaves.   P–242
  On spine: D. Sebastião: Theatro. Ms.
  Leather binding with gilt coat of arms [O.P.L.].
  The play is in three acts.
  The text shows many revisions.
  A note at end of Act III reads: "Podese reprezentar. L^{a} 20 de
novembro 184[?] S . . . H . . . Botelho."

485

Sebastianvs; Thesouro Descuberto [half-title]. 133 leaves.   P–83
  On spine: Thesor Descobert.
  Leather binding.
  "Sebastianvs" is spelled out in elaborate design on title page.
  The manuscript is inscribed: "De Fran^{co} Antunez Portugal."
  Leaf 1 reads: "Descurso. Em q̃ se mostra pro^{o} razões claras, e
evidentes quem hé o Rey Encuberto. Que hade Restaurar
HYERVZALEM do poder dos Infieis. . . . Acabado em 3 de Mayo, 1685.
Em Lixboa."

486

Sentença civil a favor do Reverendo Padre Vicente Ferreira [de
Sousa Brandão]—contra o Reverendo Reitor da Real Collegiada de
São João Baptista da Villa de Coruche, Frei Francisco Bernabé da
Costa e Silva. Lisbon, 1820 July 4. [14] leaves.   P–386

487

Sessão academica Que em aplauzo do Felicissimo Nascimento da
Augustissima Princeza da Beira se celebrou Na Villa de Guimarães
Por convite Do Excelentissimo Dom Prior e Cabido da Insigne e Real
Collegiada de Nossa Senhora da Oliveira da mesma Villa, no dia 20
de Maio de 1793. 110 leaves.   P–131
  Leather with gilt decoration, coat of arms.

Entry 485. Elaborately designed title page from Sebastianvs *(1685).*

138

Consists of orations and verses celebrating the birth of the princess, child of the future D. João VI and D. Carlota Joaquina, and the assured succession to the crown.

Some of the poets represented are João de Paiva, Francisco Joaquim Moreira de Sá, Fr. José Moreira, and Antonio de Mello Menezes Palhares.

Silva de Almeida Garrett, Alexandre José da, *d.* 1867. *See* Almeida Garrett, Alexandre José da. *d.* 1867.

488

Soares, Isidoro, *padre, fl.* 1830. Copia do Requerimento q̃ o Pe Isidoro-Soares da Vᵃ dAlmada, fez a sua Mag^{de} pella secrataria d'Estado dos Negocios de Just^a e Eccleziasticos. [6] leaves.   P−417

Presents papers dated 1830, concerning an appeal made by the priest requesting certain rights and incomes.

489

Soares de Albergaria, Tomás Cabral, *19th cent.* Letters to him from Maria Cluarda, E.R.M., A. Delgado Sa^{val} [?], and C. Rell[?].   P−573

The seven letters are undated.

490

Soares de Albergaria family. Correspondence and papers. [14] leaves.   P−477

Contains: 1. Letters to Thomaz Cabral Soares de Albergaria (e Castro, as one letter indicates), procurador geral das ordens and conego of the Sé Prima de Braga, from Antonio Hortensio Mendes Cardoso, April 4, 1820, and from Candido Roiz Alvares de Fig^{do}, May 15, 1830. Originals. 2. Ledger belonging to Thomaz Cabral Soares de Albergaria, showing payments from pupils, to the teacher of Latin and French, and other accounts, 1853−61.

491

Sousa, Tomé da, *fl.* 1820. Demandas e requerimentos [spine title]. Lisbon. 144 leaves, many blank.   P−226

Vellum cover.

The entries of this ledger are dated 1804−21, with the signature of Thomé da Souza on each page.

This ledger appears to be the official record of an officer, such as the procurador, which shows receipts, payments of tithes, and expenditures for supplies, rents, etc. On the last leaf is a table of wheat prices from 1790 to 1817.

492
Sousa Holstein, Francisco de Borja Pedro Maria Antonio, *marquês de*, 1838–1878. Permits. 2 documents, each 1 p.   P–546
Concerns permits issued to a Portuguese diplomat, the marquês de Sousa-Holstein [Francisco de Borja Pedro Maria António de Sousa-Holstein], to visit French and Belgian prisons, September 16 and 26, 1856. Also includes permits for Brussels, Mazas, and La Roquette.

493
Sousa Pereira, José de, *d.* 1689. Politica dos Principes de Italia. Trata-se brevemente dos segredos, e maximas, que observe cada Principe no seu Estado: Recopilada pelo Doutor Joze de Souza Pereyra Do Concelho de El Rey de Portugal D. Pedro 2º E do da Fazenda seu Inviado que foi a Corte de Roma no anno 1680. 103 p.
P–34
On spine: Politica dos Principes de Italia. MS. Carta ao P. Luis Gonsalves da Camera. MS. 1680. 1570.
Leather binding with gilt coat of arms [O.P.L.].
The stamp of J. Biker, noted jurist, appears on the title page.
Bound with it is: "Carta escrita ao Padre Luis Gonsalves da Camera Confessor del Rey D. Sebastião em q̃ se lhe estranha o modo com que elle e seu Irmão Martim Glz Valido do dº Rey procediaõ absolutos no governo do Reyno por anno 1570."

494
Souto Maior, João de Mello e Sousa da Cunha, *visconde de Veiros*, 1793–1854. Ode que á Sua Alteza Real o Serenissimo Senhor Infante D. Miguel o Desejado da Nação Regente de Portugal offerece João de Mello e Souza da Cunha Sotto-Maior, Moço Fidalgo com Exercicio, no Paço, Commendador da Ordem de Christo, Condecorado com a Medalha de Fidelidade. [7] leaves.   P–256
Red velvet cover with gilt decoration and coat of arms.
Blue satin end papers with gilt decoration.
Contains poetry with notes to sources.
The author claims to have been the first to term D. Miguel "O Desejado da Nação," and mentions his own noble ancestry from the time of João II.

495
Souto Maior, João de Mello e Sousa da Cunha, *visconde de Veiros*, 1793–1854. Ode que á Sua Alteza Real [variant of previous entry]. [5] leaves.   P–257
Leather with gilt decoration.

The initials "D.M." are on the cover.
Lacks a title page; opens with a portrait of D. Miguel.

496

Souza, Diogo de, *conde de Rio Pardo*, 1755–1829. Correspondence, Mozambique, 1787–1797. [96] leaves.   P–283
Disbound.
Approximately 150 letters.
Includes letters to and from Cristóvão de Azevedo de Vasconcelos, Governador dos Rios de Sena; Joam de Souza e Brito, Governador dos Rios de Sena; Antonio Caetano Vas, Juiz Veriador da Vila de Sena; Jozé Antonio de Almeida Barreto, Capitão Mor do Zumbo e Mucariva; O Muito Reverendo Sr. Francisco João Pinto; Antonio Jozé de Vasconcelos e Sá, Capitão e Ajudante das Ordens no Rio de Sena; Jeronimo Pereira, Juiz Ordinario da Vila de Sena; Joaquim de Moraes Rego Lisboa, Juiz Ordinario da Vila de Sena; Sebastião de Moraes e Almeida, Juiz Ordinario da Vila de Tete; and the Senados da Camara of Tete and Sena.
The letters contain information about the administration of the colony and the details of an inquiry into the character of Cristóvão de Azevedo de Vasconcelos, after he was succeeded by Joam de Souza e Brito.
"Copias," registry cited.

497

Tancos family. Correspondence and papers. [17] leaves.   P–478
Unbound, in folder.
Contains: 1. Clareza da formalidade do enterro do Illm° e Exmo Snr. e Marquez de Tancos D. Duarte Ant° da Camera, e despeza do funeral. Statement of the formalities and expense of the burial of the marquês, who died June 29, 1779. 2. Death certificate, April 23, 1777, of D. João Manoel de Noronha, marquês de Tancos and father-in-law of the marquês, in the above letter. D. João died on January 19, 1761. 3. Rellação dos gastos q̃ se fizerão no Interro de V. D. Luis Manoel [e Camera], 1726. 4. Biographical notice of the first marquês de Tancos and his descendants. Some of the marquêses were also condes de Atalaia. 5. Letter from Fr. Pedro de S^to António to the marquês de Tancos, August 3, 1803, on parochial affairs and requesting aid for a needy man, reputed to be "parente por bastardia da Casa Real." 6. Letter from Luis Pinto da Souza to the marquês de Tancos, November 3, 1792, asking that he intercede to protect the prior of Atalaia, D. João Osorio do Amaral Sarmento, from the persecution of the judge of the town. 7. Three letters to the marquês de Tancos, Atalaia, March 12 and April 22, 1792, and May 25, 1793, concerning parochial matters. One of the problems was friction with the juíz de Archanjo, José das Neves.

498

Távora, Ruy Lourenço de, *d.* 1657. Relação de quem foy D. Aleixo de Meneses, Ayo delRey D. Sebastião e de outros acontecimentos daquelles tempos. 197 leaves.   P−129

On spine: Relação de D. Aleixo. MS [O.P.L.].

Leather with gilt coat of arms.

Penciled note, presumably a replacement of the title page, precedes text which begins on leaf 2: Memorias biographicas e anecdoticas da Corte, escriptas por Ruy Lourenço de Távora, Trinchante delRey D. João 3º (em 1644).

The Ruy Lourenço de Távora, to whom authorship of this manuscript is attributed, was the great-great-grandson of the person mentioned in the penciled title page. In 1648, just four years after this work was compiled and copied, Ruy Lourenço de Távora [d. 1657] published other family papers and memoirs that had been collected by his father Alvaro Pires de Távora and other relatives and left to him. They appeared under the title: *Historia de Varoens illustres do Appellido Tavora* (Paris: Por Sebastião e Gabriel Cramoysi, 1648).

499

Teixtos de Isaias, e Geremias, e Daniel. [15] leaves.   P−345

Unbound.

Contains prophecies concerning Sebastian and the future of Portugal, drawing from the Bible and Bandarra and leading up to the events of 1830 and the revolution of Paris.

"D. João VI" is written in the cover page. Constitutional problems which followed his death in 1826 are mentioned.

500

Terceira, António José de Souza Manoel e Menezes Severim e Noronha, *duque da,* 1792−1860. Ao Duque da Terceira. 10 leaves.

P−296

Bound in watered silk with gold borders.

Presents a eulogy of the duke, for his aid to D. Maria II, beginning and ending with lines from Camões.

Theatro do Salitre. *See* Lisbon. Teatro do Salitre.

501

Tomar. Convento de Cristo. Financial statements, 1790−1798. 9 items.   P−396

Includes: 1. Tabulations of receipts of the Real Convento de Tomar for May−December and July−December 1790, each entitled "mappa de recibo"; May 1792−April 1793, "Recibo e despeza"; May 1793−April 1794, "Balanço do Recibo"; May 1797−April 1798,

"Balanço do Recibo." 2. Mappa do total Rendimento q̃. tem annualmᵉ o Convᵗᵒ de Thomar, May 24, 1798. 3. Relação exacta das Pessoas que se empregão no Serviço do Convᵗᵒ de Thomar, February 16, 1793. 4. Mapa das Comendas da Ordem de Christo. Chart showing location of property, patron saints and bishops, the names of *comendadores,* their predecessors, dates benefices are to be vacated, and the income from each *comenda.*

502
Tomar. Convento de Cristo. Index do Tombo dos bens, Rendas, direitos, e Escrituras do Conᵗᵒ de Christo em Thomar. 10 leaves.
                                                                    P−394
With the index are three certificates concerning records in these archives, signed by Fr. Manoel de São Francisco de Assis, October 6 and 9, 1818, bearing the seal of the Arquivo da Ordem Militar de Christo.
"Pedralvz" is inscribed at the top of the first sheet.

503
Tomar. Convento de Cristo. Mostrasse que o dinʳᵒ dos tres quartos não se pode gastar senão na fabrica do Convᵗᵒ de Thomar. 20 leaves.
                                                                    P−392
This historical and theological essay concerns the collection and expenditure of the *tres quartos* collected from members of the military orders.

504
Tomar. Convento de Cristo. No dia de junho de 1792 foi solemnemente publicada no Convento de Thomar e legitimamente intimada aos Freires da Ordem Militar de N. S. J. C. ali existentes, sentença executorial de breve de sua ultima, e actual Reforma. Lisbon, 1802 May. 8 leaves.   P−398
Regulations for the *freires* of the Convento de Tomar.
Signed D. Pᵃˡ Castro.

505
Tractado [spine title]. [38] leaves.   P−28
   On spine: Tractado. M.
   Leather spine and corners.
   Includes the text of five treaties, dated 1642−1793, between Great Britain and Portugal.
   Contents: 1. Traité de Paix et de commerce, conclu a Londres le 29 Janvier 1642 entre Charles I Roi de la Grande Bretagne et Jean IV Roi du Portugal. 2. Tractado de Aliança offensiva, deffensiva entre Leopoldo, Imperador dos Romanos, Anna Raynha de In-

glaterra, e os Estados Geraes dos Paizes-Baixos-Unidos, por huma parte, e Pedro II Rey de Portugal por outra parte; para conservar a liberdade de Hespanha, evitar o commun perigo de toda a Europa, e manter o Direito da Augustissima Caza de Austria à Monarchia Hespanhola. Dado em Lisboa a 16 de Mayo de 1703 [twenty-nine articles, followed by two "artigos secretos e separados," concerning the cession of Spanish cities and the lands on the septentrional banks of the Rio da Prata to Portugal]. 3. Tractado da Liga Deffensiva entre Portugal, Inglaterra, e Holanda. Feito em Lisboa aos 16 de Mayo de 1703. 4. Tractado do Commercio entre Anna Raynha da Gram Britanha, e Pedro Rey de Portugal, concluido em Lisboa a 27 de Dezembro de 1703. 5. Tractado entre suas Magestades Fidelissima e Britanica concluido a 26 de Septembro 1793.

506
Tragica vida e desastrada Morte de El Rey D. Sebastião de Portugal apanhada de diversos Authores, assim Nacionaes como estrangeiros. Obra innedita em lingoagem antiga. Tomo Segundo [crossed out]. Por A. A. [?] C.ª [192] leaves.   P−53
    On spine: Tragica vida e morte del Rey D. Sebastião MS.
    Leather binding with gilt coat of arms [O.P.L.].
    The manuscript begins: Nasceu ElRey D. Sebastião a hum Sabado 20 de Janeiro do Anno de 1554, dia do gloriozo Martir S. Sebastião por cujo motivo. . . ."

507
Tratado do futuro [cover title]. 842 p. (772−831 blank).   P−92
    Leather binding with gilt coat of arms [O.P.L.].
    An engraving of D. Sebastião, dated 1737, is the frontispiece.
    Index, p. 832−36.
    Contains a collection of prophecies and chronicles about King Sebastian, including excerpts from most principal Sebastianists and Sebastianist sources.

508
Tratado do futuro [pencilled title]. 409 p. and [4] leaves.   P−91
    On spine: D. Sabastião. MS.
    Leather with gilt coat of arms [O.P.L.].
    Presents a collection of prophecies and chronicles about King Sebastian.

509
Tremblement de terre de Lisbonne [spine title]. [2] leaves.   P−161
    Leather spine and corners.
    Consists of a letter from Madrid, October 10, 1755, unsigned,

concerning "le tremblement de terre arrivé en cette ville . . . [qui] a fait des ravages affreux en Portugal."
The text is in French.

510
Varias noticias, e papeis coriozos. 165 leaves. P—119
    On spine: Papeis coriozos.
    Leather spine and corners.
    Decorated title page.
    The index precedes the text.
    Consists of miscellaneous poetry, writings, and public statements relating to Portuguese affairs from 1775 to 1829. Many published works are cited, and material on the Miguelist factions and the constitutional issues is included.

511
Varias Poezias [spine title]. [233] leaves. P—9
    Leather binding.
    The flyleaf is inscribed: "do Prior Ferraz Zamora."
    Contains a collection of sonnets and other poems, many referring to political and national affairs. Included is "A Jornada q. fizeraõ certos bebedores de boa fama . . .," a mock heroic verse parodying the first canto of Camões' *Os Lusíadas*. The penultimate item is "methodo breve e claro de jogar o Tallo, o peão e a Conca," written for the youth of Braga on June 30, 1742, and dedicated to the archbishop of Braga.

512
Varias Poezias Manuscritas [spine title]. 324 leaves. P—107
    Vellum binding.
    The text is in Portuguese and Spanish.
    The first two hundred leaves contain many anonymous poems. Leaves 241—320 purport to be "Rithmas Posthumas de Antonio da Fonseca Soares [Antonio das Chagas]" and contain some of his sonnets, romances, *decimas, silvas,* letters, tercets, *motes, glosas,* and an *epithalamium.*

513
Varias Profecias. 11 leaves. P—24
    Leather binding with gilt coat of arms [O.P.L.].
    On spine: Varias Profecias.
    Presents excerpts from principal Sebastianist sources.

145

514
[V]ario[s] alva[ras] [spine title]. 191 leaves.   P-189
  Leather binding.
  Consists of regulations on the personnel, conduct, jurisdiction,
etc., of the Mesa da Consciência e Ordens, taken from papal bulls,
orders, etc., ca. 1700.
  Leaves 35–41 bear tables showing topics covered in the various
sections of text.

515
Vasconcellos, Agostinho Manuel de, 1584–1641. Cortes politicas de
Apollo celebradas neste Ano de [1]628 na Villa de Cintra, rezumidas
e divulgadas por mandado de S. Mgd^e clarissima pelo excelentissimo
Principe Mercurio embayxador, e interpetre dos Deozes e Pre-
zidente do Concelho da Reformação Serenissima. [32] leaves.
                                                            P-30
  On spine: Cortes Politicas de Apollo, MS. 1628.
  Leather spine and corners.
  On the title page is inscribed: "Autor deste Papel foy Dom Agos-
tinho Manuel de Vasconcellos."
  Contains critical treatises on various kings, New Christians, reli-
gious orders, the Inquisition, etc., sometimes in allegorical language.
  Vasconcelos was a historian who, after initially writing a defense
of the Portuguese restoration, became sympathetic to the Spanish
claim to the throne and was beheaded for treason.

516
Vaticinios vulgarm^e tidos por Profecias. Tirados de varios Authores.
Cuja collecção faço sem q̃ lhes de mais fe q̃ aq̃ se pode permitir, pois
conheço q̃ so com a Authorid^e da Igr^a se lhe pode dar fe de profecia.
90 p.   P-71
  On spine: Varios Authores. Vaticinios. MS.
  Leather with gilt coat of arms [O.P.L.].
  Consists of Sebastianist items.

517
Vayrac, Jean de, *fl.* 1710. Estat present du Portugal ou l'on voit une
geographie historiq; du Pays, l'Establissement de la Monarchie, Ses
Progrés, Ses Revolutions, Son Retablissements, e Ses Accroisemens.
Les Prerogatives de la Couronne, le Rang des Princes, et des Grands,
l'Institution et les fonctions des officiers de la Couronne et un ceremonial du Palais. . . . Le tout extrait fidelem^t des Loix fondamentales
du Royaume, des Reglemens, des Pragmatiques les plus autentiques
et des meilleurs auteurs, par M^r l'Abbé de Vayrac. 570 p.   P-213
  On spine: Estat de Portugal.

Leather binding.
The manuscript is dedicated to Dom Pierre Nolasque Couva (name partially crossed out).
Ca. 1710 (Maggs).
The initials "R.R." appear at the foot of each page.

518
Vellozo, Manoel Coelho, *d.* 1744. Noticia Historica da Meza da Consciencia Offerecida A Real Magestade, e Augusto Monarca Portuguez, Rey, e Senhor Nosso Dom João Quinto do Nome. Escrita por Manoel Coelho Vellozo Escrivão da Camera do mesmo Senhor, e do Despacho da Meza da Consciencia e Ordens. 477 p. followed by approx. 50 p. of index giving names but no page references.
P−78
On spine: Noticias Hist. da Meza [d]a Consciencia.
Leather spine and corners.
Ca. 1730
The table of contents precedes text. *Provas* or footnotes give sources of much of the information, which includes lists of office holders and benefices.
Inserted in this volume are: 1. Copia dos Assentos extrahidos do livro que tem por titulo Livro para se lançarem os Assentos dos Bens pertencentes aos Proprios da Ordem de Christo. 2. Notes on "O Cathalogo dos Mestres dos Templarios em Portugal composto pelo P. Fr. Lucas de Sta. Cnª Religiozo Dominicano . . . 1722."
Vellozo was *escrivão* from 1719 to 1729, when he was succeeded by his nephew Domingos Pires Bandeira.

519
Venturini, João Bautista, *18th cent.* Resposta Apologetica a favor do grande Luiz de Camoens, Princepe dos Poetas vulgares: contra o que na Carta VII escreveo em desabono deste clarissimo Poeta o Autor das tres estrelinhas, Barbadinho da Congregação de Italia. Seu Autor João Bautista Venturini, Morador nesta Corte. 74 folio p.
P−277
Contains a reply to Verney's criticism, in the seventh letter of *Verdadeiro método de estudar* (Valensa, na Offic. de Antonio Balle, 1746. 2v.), of Portuguese poets and of Camões in particular.

520
Verney, Luis António, 1713−1792. Carta exhortatoria aos P. da Compª de Jezus da Provª de Portugal. 24 leaves.
P−343
Disbound.
The manuscript begins: "Retirado do tumulto da corte, cujo clima foi sempre nocivo a Inocencia dos costumes, escolhi pª habitasaõ

huma Aldea Situada na Amena Prov^a do Minho a onde livre de cuidados importunos vivo aplicado a lisaõ dos L^{os}, em q̃ consumo a mayor p^e do tempo."
"Prezente ano de 1753," L. A. Vernē.
Inocēncio Francisco da Silva claims this "Carta" was published, but does not give the date (V:225).

521
Viagem de ElRei D. Jose 1° a Provincia do Alemtejo. 6 leaves.
P-509
Original and later transcription.
On the cover is inscribed: "A copia de letra moderna é para se poder ler com mais facilidade. —o que está junto de letra antiga é a letra original do Visconde de Villa Nova da Cerveira, Seu Viedor 1751."
The subtitle reads: "Ordem q. se observou na Jornada que Suas Mag^{es} Altezas fizerão à Provincia de Alemtejo, chegando a V^a Viçosa no dia vinte e sette de Abril de onde sahirão no dia vinte e sette de Mayo deste prez^{te} anno de 1751."

522
Viagem de Sua Magestade El Rey o Senhor D. Miguel 1° as Caldas da Rainha em Comp^a de Sua Alteza a Senhora Dona Maria da Assumpção em 6 Agosto de 1830. [12] leaves.   P-504
Draft and partial clear copy.

523
Vida de Julio Agricola. [40] leaves.   P-154
Notebook, spine damaged.
The text is in Portuguese and Latin, with corresponding passages on facing pages.
This is a transcript (ca. 1800—Maggs) of an earlier manuscript.

524
Vieira, António, 1608-1697. Esperanças de Portugal, 5° Imperio do Mundo. Primeira, e segunda vida de ElRey D. João o 4° Escritas por Gonçalo Annes Bandarra, e comentadas pello P^e Antonio Vieira da Companhia de Jesus; e remitadas ao Bispo do Japão o P^e Antonio Fernandes. Camuta do Rio das Amasonas, 1659 April 29. [58] leaves.   P-210
On spine: G.A. Bandarra. Esperanças de Portugal. MS.
Leather binding with gilt coat of arms [O.P.L.].
See Barbosa Machado (I:426) for a brief description of the work.

525

Villa Boa de Bouças. Queixa dos moradores da Villa Boa de Bouças contra Man[oel] Gonçãlves Travessa, morador no mesmo lugar, que falsamente requer a Sua Mag^de huma provisão p^a se fazer huma capella no mesmo lugar, metendo no mesmo requerimento todos os moradores, sem elles serem sabedores. [1] leaf.   P−501

Undated document.

526

Villa Fresca de Azeitão. Igreja Matriz. 30 leaves.   P−410

Includes a royal order and other documents concerning the curacy of the Igreja Matriz de Villa Fresca de Azeitão, 1787−90.

The benefice was finally created by regular church action, after it was determined that the queen's order granting the curacy to Padre Joaquim José Machado was improper.

527

Villa Nova da Cerveira, *visconde de* [Tomás Xavier de Lima. Vasconcelos Brito Nogueira Teles da Silva], 1754−1781. Letter to the conde de Atalaya, Palacio, 1781 Jan. 15, giving notice of the death and observances for "Sra. Raynha May." [3] leaves.   P−324

Ceremonies were to be "de capa cumprida," and specific instructions for the mourning were issued.

With it is a letter to the bishop of Lamego from the visconde, dated October 17, 1787. There is some question as to whether the letter to the bishop was written in the name of the then deceased visconde or actually by his heir of the same name who would have been only eight years old in 1787.

528

Ville de Lyon. Banquet offert au Président Carnot [slip case spine title]. 4 printed silk leaves.   P−260

Souvenir of a banquet held on June 24, 1894, in honor of the president of France, arranged by the Municipal Council of Lyons and the General Council of the Rhone, during the Exposition Universelle, Internationale, e Coloniale de Lyon, 1894.

529

Viseu, Bispo de. Falla do Bispo de Vizeu no Auto do Juramento, Que el-rey Nosso Senhor Dom Miguel I . . . Aos 7 dias de julho de 1828. 3 p.   P−570

Printed.

530

Vos de Apollo [spine title]. Contem este livro Obras de tres authores, [Francisco de] Vasconcellos, [António Barboza] Bacellar, [Hierónimo or Jerónimo] Bahia [Baía]. 180 p., 176 p., and 273 p.

P—18

On spine: L. P.

Leather binding.

A generic index appears before the poetry of each author.

The work is inscribed: "Livro do Dr. Fran⁰ de Lemos . . . Medico desta Cidᵉ "

531

Vouzela. Igreja. Sobre o requerimento dos Parochos Beneficiados Collados na Igreja de Vouzella. Elleitos, e mais habitantes da dita Freguezia, mandem fazer as obras, e paramentos necessarios na dita Parochia. 1830 May, Oct. [7] leaves.   P—402

Contains a copy of parochial request that funds from *comendas* be used for repair of the church. The papers show approval by the *Mesa* and the *Procurador da Real Fazenda* and include a royal resolution that work should begin without delay.

532

Waehneldt, Rudolph, *fl.* 1820—1860. Arte de fabricar canhões. Approx.[300] leaves.   P—237

Leather spine.

Comprises twenty-three *cadernos*, all dated 1827.

Diagrams by John Anderson, Esqʳ , from the *Artizan*, January 1, 1858, are inserted in the volume.

The manuscript begins "A bondade de hum canhão depende tanto da natureza do metal."

533

Waehneldt, Rudolph, *fl.* 1820—1860. Notebooks. [26] leaves, 38 p., and 275 p. in 3 notebooks (one with leather spine).   P—239—41

Contain: 1.   Collectanea sobre . . . [from flyleaf]. Rudolph Waehneldt, S. Paulo, 1860. Notes of reading, with some citations, written in Portuguese, French, and German. 2. Wiedemann, Fr. Th. Notes from the writings of Wiedemann, a curate to the German Roman Catholic colonists who lived in Petropolis ca. 1840—50. Text in German. 3. Notes on Brazil, with emphasis on metallurgy and mineralogy, including "Historia dos Indios Cavalleiros ou da Nação Guycurú Escripta no Real presidio de Coimbra por Francisco Rodrigues do Prado 1795 (trasladada de um manuscripto . . .)."

534
Waehneldt, Rudolph, *fl.* 1820–1860. Papers, 51 items.   P–310
Portfolio, leather spine and corners.
The papers consist of correspondence, notes, and bills (mainly for books), dated ca. 1840–50. Included is a copy of a report to the minister of war on the exploration of Matto Grosso, Rio de Janeiro, August 4, 1863. The intent of the exploration was to locate facilities for the manufacture of gunpowder.
Waehneldt lived at 7 Morro do Castello in Rio de Janeiro for a time.

535
Waehneldt, Rudolph, *fl.* 1820–1860. Tabelle der Sohlen und Seigerteufen [cover title]. [90] leaves.   P–238
Contains many tables, in black and red ink.
Concerns mine shaft studies.

536
Wellington, Arthur Wellesley, *1st duke of,* 1769–1852. Tributes. 2 printed sheets.   P–563
Contain: 1. Ao insigne Domingos Antonio de Sequeira, quando desenhou e fez construir em tudo por officiaes Portuguezes, o triunfo e baxela offerecida ao General Wellington por determinação de sua Magestade fidelissima. Soneto . . . por hum amigo do Author, das Artes, e da Patria [in praise of the designer of silver table pieces presented to Wellington]. 2. Saudação gratulatoria a Lord Wellington, General em Chefe do Exercito alliado etc., . . . em nome da nação Portugueza [por] José Maria Álvares de Queirós. Na Impressão Regia anno 1813 [salute to Lord Wellington, with the text in Latin and Portuguese].

537
Zoller, Carl. Das Artillerie Museum des verstorbenen Königl:bayer: Feldzeugmeisters Carl Freiherrn von Zoller. Munich, 1851. 35p.
     P–220
Notebook.
Facsimile of MS original.

Glossary

alvará	document, usually signed and authorized by the sovereign or a minister of the government, granting specific authority, which is, in many cases, temporary
aviso	notice or formal paper from an official source
breve	brief; papal brief
capa cumprida	long cape, worn on certain formal occasions
capitão môr	title given to a *donatário* (recipient) of a Brazilian captaincy; commander of a militia unit
carta	letter, charter
chancelaria	chancellery, chancery court; office which affixes seals and issues official documents
comenda, commenda	ecclesiastical or knightly benefice or its income
comendador	holder of a *comenda;* commander of a military order
conselho	council; counsel
constituição	rules and regulations governing an institution
consulta	opinion; counsel
contadoria	unit of an institution or body in which accounts are kept
decima	poetic form of ten verses

153

decreto	decree; official order or decision
desembargador, dezembargador	judge of a tribunal or court of appeal
diploma	title or document conferring a position, dignity, privilege, or responsibility
dobra	ancient Portuguese coin
donatário	receiver of a gift; in Brazil, the person to whom a captaincy or *capitania* (a large body of land) was granted by the king of Portugal
entremês	a dramatic farce
entremesa	time spent at table for a meal
epithalamium	nuptial poem in honor of a bride or bridegroom
escrivão	scribe
extinção	abolition, suppression
frei	friar, monk
instituições	fundamental laws or regulations
jugada	unit of land that an ox team could plow in a day or the tribute paid for such a unit of land
juiz	judge
meias anatas	taxes paid upon a religious benefice, based upon its income
merceeiros	persons with certain spiritual obligations, e.g., to pray for the dead
mercê(s)	courtesy, favor, often royally bestowed
mote	poetic verse or verses upon which a poem, usually extemporaneous, is composed
oficio	official notice or letter; religious office or post

ordenanças	military regulations; also a troop of soldiers
principal	superior of a religious community or military order
procurador	attorney for the state
provas	testaments or attestation, evidence, testimony
provedor	one who testifies or verifies a truth; the head of certain pious institutions
provisão	official document that confers a charge or responsibility, special benefit, or favor
quarto	fourth; also a tax or tribute
quinta	fifth; a portion owed to the crown (*quinta real*)
resolução	abolition of a right or contract
silva	poem usually composed in an alternating line scheme and beginning in a kind of rapture
tabelião	notary public

Bibliography

Azevedo, João Lúcio de. A evolução do Sebastianismo. 2. ed. corr. e simplificada. Lisboa, A. M. Teixeira, 1947. 181 p. DP615.A9 1947.

Barbosa Machado, Diogo. Bibliotheca lusitana historica, critica, e cronologica. Na qual se comprehende a noticia dos authores portuguezes, e das obras, que compuserão desde o tempo da promulgação da ley graça até o tempo prezente. Lisboa, 1741−59. 4 v. port. Z2722.B23

Braga, Theophilo. Bibliographia camoniana. Lisboa, Imprensa de C. A. Rodrigues, 1880. 253 p. Z8142.B81

Dicionário de história de Portugal, dirigido por Joel Serrão; [colaboradores, António Álvaro Dória, et al.]. Lisboa: Iniciativas Editoriais [1971?] 4v. illus. DP535.D5

Grande enciclopédia portuguesa e brasileira. Illustrada com cêrca de 15,000 gravuras e 400 hors−textes a côres. Lisboa, Rio de Janeiro: Editorial Enciclopédia [1936−60]. 40 v. illus. (incl. coat of arms), diagrs., facisms. (part col.), maps (part fold., part col.) plans, plates (part fold., part col.), ports. (part col.). AE37.G7

Mattos Guerra, Gregorio de. Crônica do viver baiano seiscentista. [Estudos e colação de texto, elaboração dêste apógrafo e planejamento editorial: James Amado] Cidade de Bahia: Editora Jananaína, 1969. 7 v. PQ9696.M3 1969

The National Union Catalog, pre-1956 imprints: a cumulative author list representing Library of Congress printed cards and titles reported by other American libraries. Compiled and edited with the cooperation of the Library of Congress and the National Union Catalog Subcommittee of Resources Committee of the Resources and Technical Services Division, American Library Association. London, Mansell, 1968−   . Vols. 1−561, A−Spires. Additional volumes in process. Z881.A1U3742

Serrão, Joel. *See* Dicionario de história de Portugal.

Silva, Innocêncio Francisco da, 1810–1876. Dicionario bibliografico português. Estudos de Innocêncio Francisco da Silva, aplicaveis a Portugal e ao Brasil. Lisboa: Na Imprensa Nacional, 1858–1923. 22 v. Z2720.S58

Index

NOTE: Names of persons, places, and some titles are entered here according to modern usage, with the general exception of names appearing in other forms in the catalogs of the Library of Congress. Thus, names may be listed in the index in a form different from that which appears in the descriptive entries. The chief characteristics of modern forms of Portuguese orthography include the avoidance of most double consonants and the substitution of *f* for *ph*, sometimes *s* for *z*, *ç* for *ss*, and occasionally *i* for *e*. Because of the many ways in which Portuguese names may be listed, compound names should be searched under more than one element of the name.

Within this index special listings may be found under the following terms: Camões, Military Orders, Poetry, Poets, and Sebastianism. Subheadings should be consulted within these special listings.

Brazil, 5, 338
Coruche, 5
Ilhas Selvagens, 5
sugar cane, 338
Tomar, 5
Vila de Mourão, 5
wheat prices, 491
see also Rocha Pitta, Sebastião
Agua de Inglaterra, 119
Aguiar, genealogy, 207
Aguilar, Marcos José de, *17th cent.*, 289
Ajuda, palace of, 405, 481
Albergaria. *See* Soares de Albergaria,
 Tomás Cabral, and Tavares de
 Albergaria, Tomás Cabral
Albirtajji di Pietro, Giacomo, *fl.* 1796,
 37
Alburquerque, Affonso de, 1453–1515,
 340, 346
Albuquerque, João de, 380
Albuquerque e Amaral, Domingos
 Monteiro de, 1744–1830, 427
Alcácer do Sal, 390
Alcácer Quibir, battle of, 149, 343, 446
Alcochete, 390
Aldeia Galega, 390
Aldeia Galega do Ribatejo, 396
Alegre. *See* Monte Alegre, José da Costa
 Carvalho
Alegrete, Manoel Telles da Silva,
 marquês de, 1682–1736, 346
Alencourt, Luís d', 1787–1841, 432
Alentejo, journey to, 521
Algarve, 5, 426
Alhos Vedros, 390
Aljubarrota, 426
Allegação Jurídica, 98
Allegorical drawings, 148
Allgemeine Deutsche RealEncyclopädie, 62
Almada, Vila de. *See* Vila de Almada
Almeida. *See also* Abrantes, Lopo de
 Almeida; Fialho de Almeida, José
 Valentim; Cunha e Almeida,
 Joaquina da
Almeida, Emilia, *fl.* 1839, 211
Almeida, Francisco, de, *d.* 1510, 340
Almeida, Henrique de, *fl.* 1488, 373
Almeida, José de, *19th cent.,* 98
Almeida, Lopo de, *conde de Abrantes,* 7
Almeida, Luís de. *See* Lavradio, Luís de
 Almeida
Almeida Barreto, José António de,
 fl. 1787, 496
Almeida Garrett, Alexandre José da
 Silva, 1797–1867, 8

Almeida Garrett, João Baptista da Silva
 Leitão de Almeida Garrett,
 1. visconde de, 1799–1851, 8, 9, 10,
 68, 427
Almeida Outeiro. *See* Outeiro, José
 Maria d'Almeida
Almeida Vasconcelos. *See* Vasconcelos,
 Manoel de Almeida
Alorna, Pedro Miguel de Almeida
 Portugal, *marquês de,* 1688–1756,
 391
Alvaiázere, 376
Alvarenga, Lucas José, 1768–1831, 423
Álvares, António, 117, 460
Álvares da Cunha, António,
 1626–1690, 11
Álvares de Figueiredo, Roiz, *19th cent.,*
 490
Álvares de Queirós, José Maria,
 fl. 1813, 536
Álvares Pereira Pato Moniz, Nuno,
 1781–1826, 12
Alves Canário, José, 13
Alves Vianna, José António, *19th cent.,*
 66, 111
Alvito, Fernando José Lobo da Silveira
 Quaresma, *marquês de,* 1727–1778,
 430
Alvor, Francisco de Távora,
 1646–1710, *conde de,* 297
Amado, James, 291
Amaral. *See* Albuquerque e Amaral,
 Domingos Monteiro de
Amaral Sarmento, João Osório do, *prior
 of Atalaia,* 497
Amarante, Manuel da Silveira Pinto de
 Fonseca Teixeira, *conde de,*
 1784–1830, 309
Ameixial, battle of, 426
Amélia, *consort of* Carlos I, *king of
 Portugal,* 1889–1951, 69, 263
Amorim. *See also* Gomes de Amorim,
 Francisco
Amorim [Amory], Thomas, *English
 consul in the Azores,* 1682–1728, 15
Anacefaleosis da Monarquia Lusitana,
 117
Anderson, John, *fl.* 1827, 53, 532
Andrade, António Marques G. de, *18th
 cent.,* 121
André de Jesus, *frei,* 116
Anglo-Portuguese relations, 284, 434,
 480, 505
Angola, 7, 135
Angra do Heroismo, 15

160

167

Francis Xavier, *saint*, 1506–1552, 435
Francklin, Francisco Nunes, *chronicler of the House of Braganza*, 309
Franco, Manoel Lopes, *18th cent.*, 203
François I, *king of France*, 1494–1547, 235
François II, *king of France*, 1543–1560, 235
Franzini, Miguel, *18th cent.*, 234
Freemasonry, 236
Freire. *See also* Mello Freire, Paschoal José de
Freire, Manoel Joaquim Ribeiro. *See* Ribeiro Freire, Manoel
Freire, Manoel Luiz, *licentiate, 16th cent.*, 204
Freire da Ponta, José, 214
French invasion of Portugal, 130; *see also* Peninsular War
French language materials. *See* Materials in French
Friaz Soares Sarmento, Cristóvão José, 380
Fronteira, *marquês da, 18th cent.*, 156
Funchal, *bispo eleito do*, 306
Furtado, *principal*, 324
Furtado de Mendonça. *See* Rio Grande, Lopo Furtado de Mendonça

G

Gabriel da Purificação, *frei, d.* 1704, 143
Galvão. *See also* Pereira, Rodrigo Galvão de Mello
Galvão de Mr^a, João José Roquete de, 384
Gama, Vasco da, 1469–1524, 90, 340
Gama Lobo. *See* Lobo, Luís da Gama
García de Salazar, Lope, 1399–1476, 142
Garin, Jacinto, *19th cent.*, 80
Gaspar [Jesus?], *frei*, 379
Gazeta de Lisboa, 119, 30
Genealogy, 207, 284, 448
Gentil. *See* Azevedo Coutinho Gentil, Bento Xavier de
Geographie universelle, 46
Geography, 353
of Portugal, 517
Geremias. *See* Jeremias
Gerez, Serra do, 61
German language materials. *See* Materials in German

Germany, exports to, 352
Gil, *frei*, 182
Gil, Lamberto, *19th cent.*, 94
Ginásio-Godinho, 354
Ginetti, *cardinale, 17th cent.*, 239
Goa, archbishop of, 250
Godinho. *See* Nunes Godinho Domingos; Nunes Godinho, Manuel; Sousa Godinho, Baltesar de
Godinho de Sousa, Baltasar, 164
Golegã, 139
Gomes, 100
Gomes, Francisco José, *chaplain, 19th cent.*, 123
Gomes, João, *padre, 18th cent.*, 208
Gomes, João Baptista, *ca.* 1775–1803, 209–211
Gomes da Silva. *See* Tarouca, João Gomes da Silva
Gomes da Silveira Malhão, Francisco Manuel, *b.* 1757, 281
Gomes de Amorim, Francisco, 1827–1891, 111
Gomes Varela. *See* Varela, João Gomes
Gomez. *See* Gomes
Gonçalves, Martim. *See* Câmara, Martim Gonçalves da
Gonçalves de Araújo, João, *fl.* 1826, 483
Gonçalves Salmon, Manoel, *fl.* 1812, 403
Góngora y Argote, Luís de, 1561–1627, 433
Gonta Colaço, Branca de, *b.* 1880, 111, 212
Gonzaga Pereira, Luiz, 1796–1868, 213
Gouvea de Rochas. *See* Rochas, João de Gouvea
Grã Ataíde e Mello. *See* Povolide, José da Cunha Grã Ataíde e Mello
Graciano. *See* Mota Graciano, Carlos da
Grahou, José Amado, 19
Grande edição manuscrita dos Lusíadas, 77, 113
Grande Loteria de Camões, 57
Grant, Ulysses Simpson, *president of U.S.*, 1822–1885, 19
Grão Pará e Maranhão, Companhia de, 302
Gravely, Charles Milton, *fl.* 1831, 480
Gray, Thomas, 1716–1771, 214
Greece, history of, 220, 221
Greek language materials. *See* Materials in Greek

Gregorius XIII, *pope*, 1502–1585, 136
Grith, J. Francisco, 111
Guaycuru Indians, 533
Guedes. *See also* Coutinho de Vilhena
    Guedes, Luís Pereira
Guedes, Alexandre da Costa, *17th cent.*,
    188
Guérin-Méneville, Félix Éduard,
    1799–1874, 216
Guerra. *See* Mattos Guerra, Gregório de
Guevara, Ignácio, *18th cent.*, 217
Guimarães, 487
Guimarães, Luiz, 1847?–1898, 408
Guinea Bissau, 7, 144, 450
Gusmão, Alexandre de, 1695–1753, 60,
    218
Gusmão Soares, Vicente de,
    1606–1675, 143

H

Habits, religious, 315
Hartley, João Diogo, *19th cent.*, 414
Harvey, James, *Dr.*, 214
Haye, M. M. A. La. *See* La Haye,
    M. M. A.
Hebrew language materials. *See*
    Materials in Hebrew
Hedgerows, 5
Heller, Joachim, insignia of, 185
Héloïse and Abelard, 219
Henrique, *king of Portugal, cardinal*,
    1512–1580, 125, 261, 297, 439
Henrique, *conde duque*, d. 1112?, 459
Henriques. *See also* Correia Henriques,
    José Anselmo
Henriques, Luís, *16th cent.*, 426
Henry VIII, *king of England*,
    1491–1547, 235
O Hissope. See Cruz e Silva, António
    Diniz da
History of Portugal, 223, 225, 294, 355,
    517. *See also* specific events and
    names
History of Portuguese Literature, 51
Holgouzer, Bartholomeu, 140
Holland, 66, 505
    exports to, 352
Holstein. *See* Sousa-Holstein, Francisco
    de Borja Pedro Maria Anton
Homem. See also Batista Homem,
    Manoel
Homem, Francisco António, *secretary of
    state, 19th cent.*, 405
Homem, Josephe, 456

Hopper, R. B., *fl.* 1831, 480
Horoscopes, 360, 416
Hospitals, 27, 454
    Castelo de São Jorge Hospital, 141
Houdar de la Motte. *See* La Motte,
    Antoine Houdar de
Hübner, Emil, 1834–1901, 24
Hufnagel, Herrn, *19th cent.*, 226
Hugo, Victor Marie, *comte*, 1802–1885,
    227

I

Ilhas Selvagens, 5
Illustração, 111
Index, expurgatory. *See* Expurgatory
    index
India, 233
    ships sailing to, 188, 279
    spice trade with, 224
    Viceroys of, 426
    western contact with, 282
Indigo, 54
Industry
    almond trees, 188
    dye, 105
    gunpowder, fabrication of in Mato
        Grosso, 534
    lumber, 195
    mining, 535
    munitions, 188
    silk, 188
    wine, 193, 352
    wool, 188
Inez de Castro, *d.* 1355, 86, 87, 88,
    209–11, 253, 345, 426, 477
*Inez de Castro na opera e na choreografia
    italiana*, 107
Infantes, Simão, 258
Inhalt das Criminal Processen, 177
Innocentius XIII, *pope*, 1665–1724, 188
Inquisition, 135, 235, 236, 284, 418, 515
Inscriptions, Roman, 237
O Instituto, 214
Irmandade do Santíssimo Sacramento,
    287
Isabel, marriage annulled, 336
Isabel Xavier L[?]esse morta no Patibulo,
    240
Isaias, *bibl.*, 499
Isidorus, *saint, bishop of Seville, d.* 636,
    435
Islands. *See* Portuguese islands; Azores;
    Cape Verde Islands; Madeira

Italian language materials. *See* Materials in Italian

Italy, politics of, 167, 493

J

Jacob, João, *fl.* 1789, 463
Jeremias, *bibl.*, 499; *see also Lamentations of Jeremiah*
Jerónimo, *frei*, 379
Jersey, Isle of, 295
Jesuits, 250, 520
  anti-Jesuit writings, 131
La jeune fille aux rossignols, 9
João I, *king of Portugal*, 1358–1433, 241, 383, 426
João II, *king of Portugal*, 1455–1495, 494
João III, *king of Portugal*, 1502–1557, 38, 44, 125, 149, 498
João IV, *king of Portugal*, 1604–1656
  arguments against papal recognition of, 228
  decrees, 439
  legislation concerning medicine and pharmacology at the University of Coimbra, 453
  Primeira e segunda vida de, 524
  treaty with England, 505
João V, *king of Portugal*, 1689–1750, 154, 213, 218, 225, 242, 243, 335
  Chapel of São João Batista, ordered built by, 468
  death, 249
  works dedicated to, 518
João VI, *king of Portugal*, 1769–1826, 54, 184, 198, 244, 347
  acclamation of, 202
  complaints against, 402
  decree of exile to José Seabra da Silva, 482
  dedication to, 184
  letters and decrees concerning, 245
  mentioned, 60, 499
  notice concerning his son Miguel, 246
Joaquim da Silva, Manoel, *fl.* 1813, 5
Johnson, Andrew, *president of U.S.*, 1808–1875, 19
Jordão. *See* Paiva Manso, Levy Maria Jordão
Jorge, son of João III, 452
José I, *king of Portugal*, 1714–1777, 126, 218, 222, 247, 250
  coronation of, 249
  death of, 248

journey to province of Alentejo, 521
  letter to Archbishop of Goa, 250
José da Sacra Família, *frei, 19th cent.?*, 412
José de Santo António, *padre, d.* 1727, 208
José do Espírito Santo. *See* Espírito Santo, José do
Josefinada, 292
Journal de Paris, 339
Judice Biker, Júlio Firmino, *19th cent.*, 7, 297, 493
Junot, Andoche, *duc d'Abrantes*, 1771–1813, 339, 405
Junta de Saúde Pública, 356
Juromenha, João António de Lemos Ferreira de Lacerda, *visconde de*, 1807–1887, 114
Juromenha, Vila de. *See* Vila de Juromenha

K

Karl V, *emperor of Germany*. *See* Charles V
King, Charles, *fl.* 1721, 251
Ksar el Kebir. *See* Alcácer Quibir

L

Lacerda. *See* Correia de Lacerda, Fernando
Lafões, João Carlos Bragança, *duque de*, 1719–1806, 480
Lagos. *See* Ferreira Lagos, Manoel
La Haye, M. M. A., *fl.* 1773, 88
Lamartine, Alphonse Marie Louise de, 1790–1869, 252
Lamego, *bishop of*, 527
Lamentations of Jeremiah, 428
La Motte, Antoine Houdar de, 1672–1731, 253
Lancastre, João d'A, *duque de Magueda e Najera*, 143
Lanstrom, Carl Julius, 84
Lapa, João Joaquim Januário, *19th cent.*, 309
Lapidary, 399
Latin language materials. *See* Materials in Latin
Latino Coelho, José Maria, 1825–1891, 254
Lavradio, António Máximo de Almeida, *marquês de*, 1756–1833, 175

M

Macau, 63
Macedo. *See also* Sousa de Macedo,
    António de
Macedo, Francisco de Santo Agostinho
    de, *d.* 1681, 97
Macedo, José Agostinho de, *padre,*
    1761–1831, 12, 97, 273–77, 359,
    423, 427
Macedo, Manoel de, *18th cent.,* 153
Macedo, Sérgio Teixeira de, *19th cent.,*
    76, 115
Macedo Sá, José Correia, *19th cent.,* 213
Machado, Cirilo Volkemar, *19th cent.,*
    213
Machado, Joaquim José, *padre, fl.* 1790,
    526
Machado, Manoel, 36
Machado, Teixeira[?], 278
Maciel, Luís, *18th cent.,* 279
Madeira, 144, 298
    exports to, 352
    naval expedition from/to Azores,
        309
    see also Taxation
Magalhães, João da Fonseca de, *17th*
    cent., 188
Magdalena e Saldanha, Maria, 427
Maia. *See also* Maya, Manoel Rodrigues
Maia, Abílio. *See Tres centenários de Abílio*
    Maia
Malaquias, São, 189
Maldonado, Miguel, *17th cent.,* 196,
    451
Malhão. *See* Gomes da Silveira Malhão,
    Francisco Manuel
Malhoada, 281
Malta, Order of, 270, 312
Malta, Order of Nuns of, 464
Maniguedo[?], *visconde de,* 386
Manique, *visconde de,* 461
Manique, Diogo Ignácio de Pina,
    1733–1805, 264
Manoel de Mello, Francisco,
    1608–1666, 160, 418
Manoel de Nascimento. *See* Nascimento,
    Francisco Manoel de
Manoel e Câmara, Luís, *18th cent.,* 497
Mantua, *princess of,* 308
Manuel, *infante, 19th cent.,* 69
Manuel I, *king of Portugal, 1496–1521,*
    282, 340
    benefices granted by, 459
    prophecies, 128

Manuel II, *king of Portugal, 1889–1932,*
    69, 283
Manuel, António, 284
Maoposteiro Mor, 451
Mappa alfabetico de muitos manuscriptos,
    60
Maps, 432
Maranhão, Brazil, 135, 171
Maranhense. *See* Ferreira Maranhense,
    Ignácio José
Le Marchand Anglois, 251
Marguerite de Valois, 391
Maria, 286
Maria I, *queen of Portugal, 1734–1816,*
    121, 268, 287, 288, 380, 432
Maria II, *queen of Portugal, 1819–1853,*
    438, 500
Maria Anna Josefa of Austria, *consort of*
    John V, *king of Portugal,*
    1683–1754, 242
Maria da Assunção, *infanta, 1805–1834,*
    522
Maria Maddalena de' Pazzi, *saint,*
    1566–1607, 426
Maria Pia de Sabóia, *consort of* Luiz I,
    king of Portugal, 1847–1911, 69,
    263, 271
Maria Sophia Isabel of Bavaria, *consort of*
    Pedro II, *king of Portugal,*
    1666–1699, 182
Marialva, *marquês de,* 28
Marialva, Diogo de Noronha, *3. marquês*
    de, 1698–1759, 33
Mariana, *bishop of,* 288
Mariana Vitoria, *queen of Portugal,*
    1718–1781, 527
Marques, Lourenço, *previous owner of*
    Gruta de Camões, 63
Marques Nogueira Lima, João,
    1829–1869, 223
Martins. *See also* Sousa Martins, José
    Thomas de
Martins, Gil, *fl.* 1319, 172
Martins da Costa, Jerónimo, 359
Martins de Carvalho, Joaquim,
    1822–1898, 473
Martins Sarmento, Francisco,
    1833–1899, 24
Mártires, Cristóvão dos, *padre,* 361
Martires, Francisco dos, *frei,* 116
Marvilla, Order of. *See* Military Orders,
    Ordem de Cristo
Mascarenhas. *See also* Óbidos, José de
    Assis Mascarenhas
Mascarenhas, Domingos de Assis,
    fl. 1790, 397, 481

173

175

179

U

United States of America, 19
University of Coimbra. *See* Coimbra,
　University of
University professors, 4
Urania, prophecies, 181
Urbanus VIII, *pope,* 1568–1644, 239

V

Vagos, *marquês de,* 405
Vaía. *See* Baía, Jerónimo
Valadares, Joaquim José, *18th cent.,* 397
Valadares Souto e Maior, Mariana Clara
　de, *19th cent.,* 184
Vale, Manoel do, *16th cent.,* 83, 204, 427
Vale Cabral, Alfredo, 1851–1894, 290
Valença, *marquês de, fl.* 1801, 430
Valença, Francisco Paulo de Portugal e
　Castro, *marquês de,* 1679–1749,
　223, 336, 430
Valença, José Bernardino de Portugal e
　Castro, *marquês de,* 1780–1840, 430
Valença, José Miguel João de Portugal,
　marquês de, 1706–1775, 336
Valladolid, 149
Valle. *See* Vale
Varela, Bartolomeu, *16th cent.,* 204
Varela, João Gomes, *18th cent.,* 264
Varias poesias, 511, 512
Varias profecias, 513
Varnhagem, Francisco Adolfo,
　1816–1878, 267
Vasconcellos. *See* Vasconcelos
Vasconcelos. *See also* Michaëlis de
　Vasoncelos, Carolina
Vasconcelos, Agostinho Manoel de,
　1584–1641, 515
Vasconcelos, Francisco de, 530
Vasconcelos, Joaquim António da
　Fonseca e, 1849–1936, 110
Vasconcelos, Luís Mendes de, *frei,*
　1550–1623, 270
Vasconcelos, Manoel de Almeida, *19th*
　cent., 405
Vasconcelos e Brito, Miguel de, *d.* 1640,
　308
Vasconcelos e Sá, António José, *fl.* 1787,
　496
Vasconcelos e Sousa, Luís de, 105
Vatican, 14, 267
Vaticinios, 516
Vayrac, Jean de, *fl.* 1710, 517
Vaz. *See* Caetano Vaz, António

Vaz de Carvalho, António, *bookbinder,*
　284
Vaz de Carvalho, Maria Amália,
　1847–1921, 408
Veiros, João de Melo de Sousa da
　Cunha Souto Maior, *visconde de.*
　See Souto-Maior, João de Mello e
　Sousa da Cunha
Velho. *See* Mendes Velho, Joaquim
　Anastácio
Velozo, Manoel Coelho, *d.* 1744, 518
Venetians, 474
Venturini, João Batista, 1746–1822,
　519
Ventusilla, 149
Verney, Luiz António, 1713–1792, 519,
　520
Viale, António José, 1807–1889, 111
Viana. *See also* Alves, Vianna José
　António; Correia Vianna, António
Viana, *conde de, 18th cent.,* 156, 157
Vicente, Gil, 1465?–1536, 57
Viçosa, Vila. *See* Vila Viçosa
Victoria, *consort of* Manoel II, *king of*
　Portugal, 283
Vida e acções de . . . Fr. Luiz Mendes de
　Vasconcellos, 270
Vieira, António, *padre,* 1608–1697, 38,
　60, 143, 182, 437, 524
Vieira da Silva. *See* Silva, Pedro Vieira
　da
Vieira de Mattos, Francisco,
　1699–1783, 213
Vieira Lusitano. *See* Vieira de Mattos,
　Francisco
Vila Boa de Bouças, 525
Vila da Golegã, 139
Vila de Almada, 307, 386 .
　comenda, 407
Vila de Certão, 436
Vila de Juromenha, comenda, 364
Vila de Mourão, 5
Vila de Palmela. *See* Palmela
Vila de Pombeiro. *See* Pombeiro
Vila Franca de Xira, 324
Vila Fresca de Azeitão, church of,
　526
Vila Nova da Cerveira, Tomás Xavier de
　Lima Vasconcelos Brito Nogueira
　Teles da Silva, *visconde de,*
　1754–1787, 401, 521, 527
Vila Nova da Gaia, Tomás Guilherme
　Stubbs, *1. barão e visconde de,*
　1776–1855, 27
Vila Nova de Portimão. *See* Portimão
Vila Viçosa, 134, 521

186

Vilhena. *See also* Pereira Coutinho de Vilhena, Luís Ignácio
Vilhena, António Manoel, *18th cent.*, 270
Vilhena e Pereira, Joana Cândido de, *19th cent.*, 448
Vilhena e Sousa, José Felipe de, 448
Vilhena Guedes. *See* Coutinho de Vilhena Guedes, Luís Pereira
Ville de Lyon, 528
Vimioso, José Miguel João de Portugal *conde de. See* Valença, José Miguel João de Portugal e Castro
Vinte e Quatro. *See* Casa dos Vinte e Quatro
Viseu, *bishop of,* 136, 529
Vision of the Times; Homeric Antiquity, Harp of Israel, Mystic Rose, 53
A Viuva Alegre, 265
Viza, *marquês de,* 124
Vocabulário do comércio, 159
Volkmar. *See* Machado, Cirilo Volkmar
Vouzela, church of, 531
Voz de Apolo, 530
Vozes dos leaes Portuguezes, 184

W

Waehneldt, Rudolph, *fl.* 1820–1860, 533–35
Waldek, *prince of,* 176
Wellington, Arthur Wellesley, *duke of,* 1769–1852, 404, 478, 536

Whaling. *See* Brazil
Wheat, 17
Wiedemann, Theodor, 1823–1901, 533
Wine, 15, 193
Witchcraft, 235

X

Xavier, António, 423
Xavier da Cunha. *See* Cunha, Xavier da
Xavier de Castro, João Francisco, *fl.* 1717, 474
Xavier de Oliveira. *See* Oliveira, Francisco Xavier de
Xavier de Sousa Moura, Francisco, *18th cent.*, 234
Xira. *See* Vila Franca de Xira

Y

Yellow fever, 254

Z

Zamara, Ferraz, *prior,* 511
Zane, Marino, *Venetian senator,* 132
Zoller, Carl, *fl.* 1851, 537
Zumbo (place), 496
Zuñiga, Francisco de, *16th cent.*, 142